El Alumno en la MIRILLA

Un método estimulante de aprendizaje

Larry Thomas

Gospel Publishing House
Springfield, Missouri
02-0597

El Texto Bíblico ha sido tomado de la versión Reina-Valera ©1960 Sociedades Biblicas en América Latina; ©renovado 1988 Sociedades Bíblicas Unidas. Utilizado con permiso.

©2006 por Gospel Publishing House, 1445 N. Boonville Ave., Springfield, Missouri 65802-1894. Todos los derechos reservados. Ninguna parte de este libro puede ser reproducida, almacenada en un sistema de recuperación, o transmitida de ninguna manera o por ningún medio—electrónico, mecánico, de fotocopia, grabación, o de cualquier otra manera—sin previo permiso del dueño de los derechos de copia, con la excepción de breves citas que se usen en comentarios, en revistas, o en periódicos.

ISBN 0-88243-391-4
Impreso en E.U.A

Índice

Introducción / 5
Capítulo 1: Fundamentos de un eficaz ministerio de enseñanza / 7
Capítulo 2: La creación de un ambiente para el crecimiento / 31
Capítulo 3: Planifique una transformación de las vidas / 51
Capítulo 4: La selección de métodos eficaces / 67
Capítulo 5: La formación de conexiones saludables / 91
Capítulo 6: Una ministración de acuerdo con las preocupaciones sociales / 103
Capítulo 7: Manténgase centrado / 123
Capítulo 8: Láncelos al ministerio / 143

Introducción

Hoy las cosas son muy distintas en la Iglesia a como eran hace sólo unos pocos años. No hace falta tener una inteligencia superior para reconocerlo. Basta un vistazo para obtener abundantes evidencias de los cambios experimentados.

Una de las principales diferencias es la forma en que la gente se ha acostumbrado a moverse de una iglesia a otra. Las razones de estos cambios pueden ir desde la reubicación en otro lugar hasta la insatisfacción por algún suceso sin importancia.

Otra de las diferencias es la falta de lealtad a la denominación y de tradiciones familiares. Estas realidades, que van en aumento, combinadas con el hecho de que nuestra sociedad ha pasado a una era postmoderna y postcristiana, han tenido por consecuencia que haya un número mayor de personas para las cuales, la iglesia institución, tal como la conocemos, tenga muy poca importancia. Sin duda alguna, la iglesia de hoy se halla en unos momentos sin precedentes en cuanto a la competencia por las personas.

Siendo esto así, ¿cómo puede alcanzar con buen éxito la iglesia de hoy a los que no asisten a iglesia alguna, y mantener dentro de nuestras iglesias a los que sí asisten? Uno de los métodos para obtener esto consiste en desarrollar y mantener un eficaz y entusiasta ministerio de pequeños grupos en la iglesia local. Esto ejerce una fuerte presión sobre los maestros de escuela dominical y los líderes de los pequeños grupos. Cualesquiera que sean las demás actividades de una iglesia, por medio de estos grupos se alcanza y asimila en el cuerpo local a la mayor parte de la gente.

La pregunta natural que surge es cómo desarrolla un maestro o líder de grupo una clase que sea estimulante sin sacrificar la integridad bíblica.

En este libro analizaremos unos principios vitales para la creación de un pequeño grupo que sea eficaz. Cada uno de esos principios desempeña un papel significativo en el mantenimiento de un ambiente que atraiga y mantenga a los que asistan a la clase, al mismo tiempo que se mantenga fiel a la inmutable Palabra de Dios.

Como ayuda en nuestro viaje de descubrimiento, seguiremos a una pareja típica, a los que llamaremos David e Isabel. Son una composición de la pareja típica de los tiempos modernos que la iglesia local tiene la encomienda de alcanzar y discipular. Los seguiremos mientras progresan desde personas que buscan sólo de vez en cuando hasta convertirse en una pareja activamente ocupada en el ministerio del Reino.

Este libro no lleva la intención de presentar ninguna revelación nueva, sino que quiere retarlo a explorar los supuestos corrientes pero desde una nueva posición. Por bien que hayamos hecho las cosas en el pasado, la eficacia futura exige unos ajustes destinados a alcanzar a los que andan en busca de Dios en la generación actual. Nuestras comunidades están llenas de gente como David y Juanita, que responderá de manera positiva al evangelio si ve aquello que la iglesia local le ofrece como pertinente para su vida.

Pido al Señor que usted termine de leer este libro con nuevas ideas y con el deseo de ver que su pequeño grupo o su clase, cualquiera que sea su edad promedio, adquiere una eficacia mayor en la labor de alcanzar y discipular a las personas que no asisten a la iglesia en su comunidad.

¿Listo para comenzar nuestro viaje? ¡Adelante!

Fundamentos de un eficaz ministerio de enseñanza

Le presento a David y Juanita, o como sus amigos los llaman, David y Juani. Son una pareja típica de casi cuarenta años. Tienen una buena casa, cada cual su profesión, y unos ingresos superiores al promedio, que les han proporcionado una vida cómoda. Además, son padres de tres hijos maravillosos de catorce, doce, y cuatro años de edad, respectivamente.

David y Juani son típicos también en otro sentido. El mantenimiento del estilo de vida que han escogido los ha esclavizado. Las responsabilidades del trabajo, las actividades escolares, los deportes de sus hijos, y las preocupaciones con el resto de la familia consumen la mayor parte del tiempo que tienen a su disposición. El domingo es el único día que tienen para ellos y que pueden dedicar a la familia y a divertirse. Así que, como muchos otros que comparten su estilo de vida, su participación en la iglesia fue desapareciendo lentamente hasta que dejaron de asistir por completo. Su alejamiento de la iglesia no fue intencional, pero de todas formas, sucedió.

Al cabo de unos cuantos años, David y Juani reconocieron que necesitaban restablecer sus lazos con alguna iglesia local. Echaban de menos el tiempo pasado con la gente que compartía su fe. También reconocían que sus hijos necesitaban la influencia de unas presiones sociales positivas por parte de compañeros de su misma edad. Como consecuencia, decidieron volver a la iglesia. Ahora bien, ¿dónde comenzar para hallar un lugar que se ajustara a sus necesidades familiares?

Es irónico que la denominación a la que pertenecían, el lugar o las dependencias de la iglesia, tengan poco que ver con su decisión. Su principal prioridad consiste en hallar una iglesia que tenga algo que atraiga a cada miembro de la familia en sus necesidades. Quieren un lugar que les proporcione unas buenas relaciones y una enseñanza bíblica que afecte a todos los aspectos de su vida, y con el que se puedan sentir identificados.

¿Hay un lugar así? Por supuesto, si la iglesia local tiene una clase o una reunión emocionante que atienda continuamente a las necesidades básicas de su gente. La mayoría de las iglesias denominan "escuela dominical" a estas clases. Hay iglesias que para estas reuniones semanales usan otros nombres, como "Hora de educación cristiana", "pequeños grupos" o "Fraternidades bíblicas de adultos", pero básicamente son lo mismo. Un ministerio estimulante con pequeños grupos es clave para atraer a los que son como David y Juani y andan buscando.

Pero exactamente, ¿qué hace que un aula sea estimulante y atractiva? Tal vez sea difícil definirlo todo con una sola respuesta concreta a esta pregunta, porque esa respuesta es subjetiva. Si preguntáramos a diez personas, obtendríamos diversas respuestas. Cada cual, a partir de diversas variables, tiene su propia definición de lo que es una clase estimulante. Sin embargo, hay ciertos elementos comunes que nos pueden ayudar a hallar una respuesta sólida y a desarrollar un ambiente de aceptación y de crecimiento. Cuando están presentes estos elementos, está garantizado que harán que todas las clases sean estimulantes y eficaces.

Vamos a reunirnos de nuevo con David y Juani en su búsqueda de una iglesia donde asistir y un grupo que atienda a las necesidades de su familia. Mientras seguimos a nuestros amigos, podremos aprender qué hace falta para que haya un aula verdaderamente estimulante que atraiga, mantenga, y dé crecimiento a familias prometedoras como la de David y Juani.

¿Por qué son importantes los pequeños grupos?

Nunca podremos dar demasiada importancia a la existencia de una escuela dominical fuerte. Se han realizado amplias indagaciones y, para sorpresa de algunos, la escuela dominical ocupa un lugar muy elevado como importante parte del proceso general de atracción y retención de las personas que no asisten a las iglesias en nuestras comunidades.

Estos hallazgos deberían hacer que usted se sintiera muy especial y valioso. Al mismo tiempo, lo deberían hacer sentir intensamente consciente de la inmensa responsabilidad que tiene sobre los hombros, y de la seriedad con la que debe contemplar su ministerio.

Hay muchos factores que influirán sobre la decisión final que tomen David, Juani y muchos como ellos respecto a incorporarse a una iglesia. La comprensión de la constitución social y emocional de gente como David y Juani, y la necesidad que los impulsa y motiva, lo equipará mejor a usted como maestro. Este conocimiento pondrá una gran cantidad de poder en sus manos. Lo capacitará para ser más eficiente y exitoso a la hora de retener a los que tratan de probar brevemente a su iglesia y su escuela dominical.

Aquellos que son como David y Juani en la sociedad suelen ser calificados de "buscadores". Este calificativo los define muy bien. Por lo general, los que están dedicados a ese proceso de búsqueda dicen que su principal interés consiste en hallar un lugar con el que se puedan identificar, donde se sientan cómodos y encuentren aceptación.

Un libro anterior dedicado al adiestramiento del personal, *Dadles lo que quieren: cómo convertir la escuela dominical en un lugar donde la gente quiere estar*[1], hablaba de estos mismos temas en un sentido informativo. Según los autores de este libro, la mayoría de los que estaban buscando iglesia dijeron estar buscando un ambiente donde puedan desarrollar buenas relaciones, encontrar a Dios y oír la verdad de una forma que sea aplicable a su vida diaria. También quieren un lugar donde se puedan divertir, hallar comprensión de las cosas y desarrollar una sensación permanente en cuanto a su razón de ser que los ayude a cultivar una mejor forma de llevar su vida en medio de su mundo cotidiano.

Los que andan en busca de iglesia, quieren hallar un lugar donde tengan cosas en común y desarrollen unas fuertes relaciones con otras personas semejantes a ellos. Para sorpresa y alarma de los líderes de las denominaciones, la afiliación a una denominación determinada carece de importancia para la mayoría de los que andan buscando iglesia. Ya sea que se hayan mudado o casado, que hayan tenido hijos o experimentado algún otro acontecimiento "activador" que los haya traído de vuelta a la iglesia, la mayoría de las personas tratan de hallar una satisfacción de aquellas cosas que sienten como necesidades, más que el alinearse con su denominación del pasado. Observe de nuevo cómo una clase de escuela dominical estimulante y un maestro que se interese por ellos están perfectamente preparados para atraerlos.

Otra característica común de los que son como David y Juani es que por lo general no tienen prisa alguna por decidirse. Cuando asistan a su clase, es posible que ya hayan visitado muchas otras iglesias y clases de la zona. También es posible que asistan a su iglesia y a su pequeño grupo durante unas pocas semanas o tal vez meses, y si las cosas no salen como esperaban, pasan a la próxima iglesia de su lista.

Según algunos informes, dos de cada cinco de los que andan en busca de iglesia se suelen tomar todo un año para decidirse. Esto les está diciendo a voz en cuello a ustedes, maestro y coordinador de seguimiento: "¡NO SE DEN POR VENCIDOS!" Asegúrense de que se les dé un seguimiento genuino y afectuoso a los que son como David y Juani y han entrado en contacto con ustedes, hasta que les hagan saber que no quieren que ustedes los sigan buscando. La mayoría de las veces, el grupo que se mantiene en contacto con ellos durante su búsqueda es el que se los gana.

Vi suceder esto hace algunos años. Un maestro de banda de secundaria y su esposa se mudaron a nuestra comunidad. Mientras organizaban su casa, su clase de la escuela dominical les llevó una canasta de merienda campestre con alimentos preparados suficientes para un par de comidas. Más tarde, varios miembros de la clase los invitaron para que acompañaran al grupo en una salida a cenar después de un rato de diversión por la noche. Se esforzaron realmente por hacerlos sentir como en su casa.

Varios años más tarde, vimos la canasta que habían usado para llevarles los alimentos. El maestro de banda recordaba cómo aquella canasta era la responsable de que su familia se hubiera integrado en la iglesia. Un poco sorprendido, le pregunté qué tenía que ver una vieja canasta de merienda campestre con su decisión de venir a nuestra iglesia. Él me dijo que antes de mudarse habían prometido a algunos amigos suyos de esta zona que iban a asistir con ellos a una iglesia de una población cercana. Entonces me dijo que cuando nuestro grupo de parejas jóvenes siguió insistiendo en acercarse a ellos, su esposa hizo esta observación: "Si este grupo nos estima lo suficiente como para pasar todo este trabajo, ¿cómo se nos podría ocurrir irnos a otra parte?" La pareja respondió ante aquellos actos de amor y se convirtió en una magnífica adición a nuestra iglesia. La perseverancia paga.

¿Qué está usted prometiendo?

Debido a la naturaleza altamente competitiva de la labor de retener personas, el proceso para obtenerlo se ve a veces en peligro por la posibilidad de hacerles concesiones. Debemos resistirnos a la sutil tentación de hacer concesiones en cuanto a nuestros principios centrales con el fin de atraer gente a nuestro grupo. A veces, esas concesiones son hechas con toda intención, pero lo más frecuente es que se hagan sin darse cuenta.

Lamentablemente, hay grupos que han puesto en peligro temas vitales, doctrinas clave, y ciertos distintivos, o que han prescindido de ellos por completo. Bajo el impulso de una creciente competencia y unas expectativas poco realistas que estos "buscadores" imponen a las iglesias, se vuelve demasiado fácil sacar las prioridades del lugar que les corresponde. Esto puede ser un trágico error. Las iglesias que quieren atraer buscadores deben mantener un fuerte enfoque en su misión y su razón de ser, a fin de prevenir extraviar el camino.

Cuando hablamos de una clase o de un pequeño grupo que sea estimulante, es imprescindible que comprendamos que ese estímulo emocional no es en sí la meta definitiva. El estímulo del que hablamos, y que esperamos alcanzar, debe ser una respuesta ante las cosas buenas que suceden en la vida de la gente, y no un intento de hacer que sucedan cosas buenas, sólo por emocionar a todo el mundo a base de trucos.

Cuando una persona se pasea por la avenida central de un carnaval, por supuesto que el ambiente es estimulante. Los ruidos, las luces que giran y centellean y las promesas de "ganar en grande" que gritan a voz en cuello los que operan los juegos, sirven todos para generar emoción y suspenso. La persona promedio queda atrapada muy rápidamente en este ambiente. Cae bajo el efecto hipnótico del ambiente, y puede llegar a perder todo sentido de la lógica y de la realidad. Al regresar a su casa descubrirá, para su consternación, que ha gastado un dinero que no tenía para algo que no quería, y que todo lo que le queda son unos vagos recuerdos y un premio barato.

Si usted permite que ese entusiasmo sea la meta primaria de su grupo, tendrá que estar hallando constantemente alguna actividad más emocionante para la próxima reunión. Todo lo que se haga, tendrá que ser "vendido en grande". El momento de los anuncios en el culto o en la escuela dominical comienza a parecerse mucho a uno de esos comerciales baratos que ponen en la televisión a altas horas de la noche. Sabemos que esto está comenzando a suceder cuando oímos una gran cantidad de superlativos como "el más grande", "el mejor", "el más atrayente", "el último adelanto", y demás, relacionados con nuestro grupo de la iglesia.

No deje que su ministerio con los pequeños grupos de la iglesia se convierta en una especie de avenida central espiritual, donde atraiga a la gente con falsas esperanzas y le dé mucho menos de lo que le ha prometido. Cuando esto sucede, esta desfiguración pone en peligro al grupo y a la credibilidad del líder.

Esto me recuerda la historia de un señor que era dueño de una pescadería. Un día, cuando ya iban a cerrar, entró una dama y le pidió el pescado mayor que tuviera, para alimentar a los huéspedes que iban a cenar en su casa. El dueño sólo tenía un pescado en el barril, y en realidad quería venderlo antes de cerrar. Como no quería arriesgarse, dijo a su clienta: "Déjeme buscar en el barril uno que sea exactamente lo que usted busca".

Después de chapotear en el agua del barril, levantó triunfante el pescado, y le dijo: "Éste es el perfecto".

Por el aspecto del rostro de ella, notó que le parecía un poco pequeño. Entonces miró el pescado, y dijo: "Creo que tengo otro mejor", y lo volvió a poner en el agua.

Chapoteó un poco más y sacó el mismo pescado del agua. Con una sonrisa en el rostro, le dijo: "Éste está mucho mejor".

La clienta, obviamente impresionada con su deseo de agradarla, exclamó: "Ése está perfecto. Me lo llevo".

Entonces, se detuvo un instante y después dijo al pescadero: "Usted ha sido tan buena persona y me ha ayudado tanto, que creo que me los voy a llevar los dos".

La moraleja de este cuento es que nunca ofrezcamos más de lo que podamos presentar.

Todo lo que haya sido levantado mayormente por medio del entusiasmo, es como un castillo de naipes. No hace falta gran cosa para echarlo abajo. La meta debe ser que haya un entusiasmo genuino y duradero, porque se basa en las cosas buenas que están sucediendo continuamente.

¿Cómo podemos incluir a la gente?

Cuando observamos esto que constituye a un tiempo nuestra encomienda y nuestro desafío, a veces nos es difícil saber cómo atraer a la gente de una forma sana. La aceptación y la integración de nuevos miembros pueden volverse difícil de obtener en el ambiente del grupo mayor, como en el culto colectivo de adoración. En realidad, la dificultad aumenta en proporción al tamaño de la congregación. Donde mejor se crean relaciones es en los ambientes más pequeños e íntimos.

Una y otra vez se ha demostrado que los ministerios de pequeños grupos en las iglesias locales son los más eficaces para la labor de asimilar gente. Repetimos que el título o nombre que tengan los grupos no tiene gran importancia; lo que hacen, y lo bien que incorporan a la gente a la vida de la iglesia es lo que cuenta. Es lógico que la persona no pueda esperar que se le siga dando todo el cuidado, el interés y la participación que desea en una iglesia, sin el ambiente de los grupos pequeños.

En el ambiente de la iglesia actual, es raro que la gente permita que se la obligue a hacer algo que no disfrute. Claro que disfrutar es un término relativo. Lo que una persona disfruta puede aburrir por completo a otra. Es innegable que esto es parte de la composición del ser humano. Sencillamente, son muchas las opciones entre las cuales se puede escoger. Es más fácil cambiar de iglesia que no sentirse feliz. Esta verdad debe estar siempre presente cuando pensemos a la hora de planificar las actividades de un pequeño grupo y escoger los temas que estudiará el grupo.

¿Qué atrae a las personas a un grupo?

Las indagaciones han revelado algunos cambios de paradigma interesantes en estos últimos años. Hubo un tiempo en que se pensaba que las dependencias, la ubicación, las facilidades para estacionar y otras comodidades eran las primeras cosas que se debían asegurar. Sin embargo, una encuesta llevada a cabo una vez por Thom S. Rainer puso seriamente en tela de juicio esta forma de pensar. En su libro *Surprising Insights from the Unchurched* ["Ideas sorprendentes de los que no asisten a las iglesias"], Rainer demuestra que aquellas cosas que se creían antes los principales atractivos, como la ubicación, las dependencias, la música, en realidad tienen muy poco que ver con la decisión de la mayoría de las personas. Sus indagaciones descubrieron que una predicación

bíblica relacionada con la vida y preparada para en_
factor de mayor influencia. Muy cercano en segundo l_
esto sea una sorpresa mayor aun, estaba el intenso dese_
unas enseñanzas doctrinales que ofrecieran algo en qué c_

Estas mismas ideas aparecen en un libro anterior de Rainer llamado *High Expectations* ["Grandes expectativas"]. Sus sondeos en entrevistas con altos líderes de las iglesias que estaban alcanzando y manteniendo gente, ponían la escuela dominical y la predicación expositiva de la Biblia como los dos instrumentos principales de discipulado y asimilación que tiene hoy la Iglesia.[3] Estos datos debería hacer que revisaran su posición aquellos que dicen que la escuela dominical ha perdido todo su valor.

¿Qué hace que la escuela dominical tenga tanto poder? Cuando examinamos la estructura organizativa de una clase eficaz de escuela dominical, o de algún otro pequeño grupo, podemos ver con facilidad lo que tiene a su favor. Llevados a cabo de la manera debida, tanto la clase de escuela dominical como los demás pequeños grupos satisfacen las necesidades de las personas, tanto las reales como las que ellas sienten que tienen.

Es irónico que en estos últimos años se haya fustigado tanto a la escuela dominical. Se ha acortado el tiempo destinado a ella, y en algunos casos se ha eliminado por completo. Sin embargo, esto no ha disminuido para nada su valor. En muchos casos, las iglesias han reconocido su error al debilitar a la escuela dominical y la han restaurado al lugar que le corresponde, con una nueva valoración de su utilidad para incluir e incorporar a las personas.

¿Qué papel desempeña usted?

Por lo general, el maestro o el líder es la primera persona en la que ponen su atención los recién llagados, porque lo típico es que él constituya el núcleo de la clase. Tanto si usted lo ha planificado así, como si no, así son las cosas.

Espero que se haya dado cuenta ya de que, por ser maestro, cualquiera que sea la edad de sus alumnos, usted es una persona única y especial. No cualquiera puede ser maestro. Por supuesto, tal vez no fue eso lo que un líder desesperado y en estado de pánico le dijo cuando lo reclutó un domingo por la mañana. Sin embargo, es cierto que los maestros son personas especiales. Son un don de Cristo a su Iglesia. Son llamados y equipados para enseñar. Y ese llamado no tiene un valor menor que ninguna otra forma de ministerio.

Todo privilegio conlleva una responsabilidad igual. Esto también es cierto respecto a los maestros. Usted no está en activo sólo durante la hora de la escuela dominical. El maestro está en activo las veinticuatro horas del día y los siete días de la semana. Su influencia va mucho más allá de las paredes del aula donde usted trabaja, juega, y vive. Dónde lo ven, cómo responde a las situaciones adversas, cómo se conduce en las tiendas y restaurantes, y hasta qué punto es fiel a su iglesia y a su clase, son cosas todas que dan credibilidad a lo que usted enseña, o lo socavan. Ciertamente, es una responsabilidad que no se debe tomar a la ligera.

Para ser maestro hace falta algo más que una sonrisa conquistadora, una cabeza llena de conocimientos, o una personalidad extrovertida. Aunque estos atributos ayudan, no bastan ellos solos. ¿Cómo describe la Biblia al maestro eficaz?

El apóstol Pablo nos da una clara imagen de lo que es y hace un maestro eficaz. Encontramos esta descripción en 2 Corintios 4:1-6. Se puede definir a los maestros de la siguiente manera:

Personas que perseveran.

"No desmayamos" (4:1). Enseñar es fascinante a veces, pero hay ocasiones en que puede ser francamente frustrante. El maestro se enfrenta al mismo grupo de niños, jóvenes o adultos semana tras semana. Siempre parece haber en el grupo quienes no quieren escuchar ni dejar que otros escuchen. Hay quienes quieren discutir por todo, o tratan de ser graciosos o divertidos. También hay hiperactivos, y otros que tienen diversos problemas de conducta. A pesar de estos retos, el llamado y el don recibido de Dios son los que hacen que el maestro siga regresando una y otra vez, aunque no tenga ganas de hacerlo.

Sin duda alguna, los maestros se enfrentan al agotamiento total, al desalientos y con frecuencia piensan en echarlo todo a rodar, pero cuando es hora de volver, están listos para entrar a su aula, porque son personas perseverantes.

Personas que no recurren a prácticas engañosas ni distorsionan el mensaje.

"No andando con astucia, ni adulterando la palabra de Dios" (4:2). En el esfuerzo de la iglesia local por mantenerse en la competencia y seguir siendo un lugar agradable, es frecuente que la verdad del evangelio se convierta en víctima. Hay una tendencia creciente hacia la idea de dar a la gente sólo lo que quiere oír, para que no se sienta incómoda.

Para obtener esto, es posible que los maestros decidan desarrollar sus propios materiales, en vez de seguir una serie cuidadosamente desarrollada con un plan de estudios. Esto puede crear entusiasmo, porque sólo se estudia lo "divertido", pero el resultado final puede ser serio. Todos tenemos alimentos favoritos (y la mayoría de ellos no son saludables ni nutritivos). Sin embargo, una dieta continua de la misma comida pronto se vuelve aburrida y priva al cuerpo de otras sustancias nutritivas necesarias. Hasta las comidas saludables pueden dejar de serlo si son todo lo que recibimos.

Esto también es cierto cuando hablamos de nuestra enseñanza. Si sólo damos a la gente lo que quiere, la estamos llevando a una desnutrición espiritual que se convierte en el caldo de cultivo de los errores doctrinales y los énfasis excesivos en cuanto a la conducta que pueden llevar al desequilibrio o a la herejía. Esto no tiene nada de nuevo. En realidad, la Biblia misma lo predice. Veamos lo que dice Pablo en 2 Timoteo 4:3,4 acerca de los maestros de los últimos tiempos y de quienes los escuchan: "Porque vendrá tiempo cuando no sufrirán la sana doctrina, sino que teniendo comezón de oír, se amontonarán maestros conforme a sus propias concupiscencias, y apartarán de la verdad el oído y se volverán a las fábulas".

Según el Apóstol, el maestro modelo rehúsa convertirse en víctima de unas prácticas engañosas, y enseña fielmente la Palabra de Dios. Tenemos que evitar a toda costa cuanto plan, programa o propósito que exija algo inferior a una lealtad total a la integridad y verdad de la Biblia. Una clase edificada sobre una premisa que no sea la verdad de la Biblia, podrá ser emocionante por un tiempo, pero se dirigirá a toda velocidad hacia el muro de piedra del desastre.

Personas que exponen claramente la verdad.

"Por la manifestación de la verdad" (4:2). Una de las cosas que distinguían a Jesús de los maestros de su tiempo, y que hacían que el pueblo lo quisiera escuchar, era la claridad de sus palabras. Los líderes religiosos hablaban con acertijos y palabras vacías; Jesús usaba el lenguaje del hombre común y corriente. De Él se dijo: "¡Jamás hombre alguno ha hablado como este hombre!" (Juan 7:46).

Desde los líderes con más estudios de su tiempo, hasta los más ignorantes entre la multitud, nadie tenía dudas respecto a las verdades que Jesús proclamaba. Se las presentaba a todos con claridad. Los maestros deben aprender a seguir su ejemplo. Ésta es una habilidad que aprenderemos con el tiempo. Sigue tres pasos sencillos.

En primer lugar, el maestro necesita estar familiarizado con la verdad antes de tratar de enseñarla. Se decía del célebre maestro de Biblia y predicador G. Campbell Morgan que nunca intentaba enseñar o escribir acerca de un libro de la Biblia, si primero no lo había leído completo un mínimo de cincuenta veces.

En segundo lugar, identifique a sus oyentes; sepa dónde se encuentran con respecto a su edad y a su nivel de estudios. Planifique sus lecciones de acuerdo con esto. Enseñe a sus alumnos a su mismo nivel; nunca por encima de ese nivel, cualesquiera que sean los estudios que tengan. ¿Ha notado que Jesús no humilló nunca de ninguna manera a nadie que estuviera buscando con sinceridad?

En tercer lugar, busque líneas comunes de pensamiento e ilustraciones adecuadas, para hacer que la verdad se presente viva y vibrante. Los puntos y experiencias que tengan en común son estupendos como puntos de partida. Jesús los usaba constantemente cuando enseñaba. ¿Qué puede ser más claro que aquello de "el sembrador salió a sembrar" (Mateo 13:3)? Todos los que lo oían en aquellos tiempos comprendían exactamente de qué estaba hablando.

Los maestros comprensibles reconocen lo importantes que son las palabras que usan. Buscan la palabra correcta para hacer que aquello que están diciendo sea tan claro y sencillo como les sea posible. Nada confunde con mayor rapidez a la gente respecto de las verdades bíblicas, que el uso de unas palabras que sus oyentes no comprendan. ¿Se ha sentado alguna vez a escuchar una clase en la cual el maestro lo quería impresionar con su vocabulario? En una ocasión estuve en una clase en la cual el maestro estaba tratando de hacer esto, pero lo divertido fue que pronunció mal algunas de las palabras. Sus intentos por impresionar se fueron haciendo más divertidos a medida que avanzaba la clase.

La palabra correcta es aquella que comprenderán la mayoría de sus alumnos; la que produce una buena imagen mental de lo que usted está tratando de decir. Por ejemplo, ¿cuál de estas dos frases le parece mejor?

El pájaro estaba sentado sobre la cerca.

Un grueso petirrojo estaba posado sobre la cerca de postes de cedro.

Por supuesto, la segunda suena mejor. Sin embargo, observe que no se usó ninguna palabra altisonante, sino que se usaron las palabras correctas para presentar una clara imagen. Mark Twain dijo en una ocasión: "La diferencia entre la palabra correcta y la casi correcta es la que hay entre la luz de un relámpago y la de una luciérnaga".

Haga cuanto esfuerzo pueda por comunicarse con la mayor claridad posible. De nuevo vemos a Jesús hablar en el lenguaje de la gente común de su tiempo. Todos, tanto hombres y mujeres como niños y niñas, lo comprendían perfectamente. Esa es una de las principales razones de que las multitudes se sentían atraídas a Él dondequiera que iba.

Uno de los mejores principios que puede aprender un maestro es el de que dar información no siempre es enseñar. No se enseña mientras los alumnos no captan la verdad. Eso es lo que separa al buen maestro del mediocre.

Personas que apelan a la conciencia.

"El dios de este siglo cegó el entendimiento de los incrédulos" (4:4). ¿Se ha preguntado alguna vez cómo es posible que la gente viva de la manera que vive sin sentir el menor remordimiento o culpa alguna? Lo triste es que esto se puede aplicar a algunas de las personas que asisten a nuestras clases semana tras semana. Tal vez esta parte del pasaje nos diga el porqué: han sido cegadas a la verdad en su nivel consciente. A causa de esto, no pueden tomar buenas decisiones en las situaciones morales.

La conciencia delicada y sensible puede ser nuestra mejor amiga si aprendemos a escucharla cuando protesta acerca de nuestras acciones. Para asegurarse de que suceda esto, los maestros eficaces se esfuerzan por enseñar de tal forma que aquello que enseñan se convierta en parte integral de la conciencia de sus alumnos. Tal vez sea más fácil decir esto que alcanzarlo, sobre todo con las personas de más edad. En realidad, aquí tiene una ventaja el maestro de alumnos jóvenes. Las conciencias jóvenes se dejan adiestrar con mayor facilidad que aquéllas que han tenido mucha práctica en cuanto a desdeñar sus advertencias internas. Aprovéchese lo más que pueda de esta dorada oportunidad para dar una forma positiva a la vida de sus alumnos.

¿Cuántas veces su conciencia le ha "recordado" que ha dicho algo impropio, o se ha comportado de una forma inadecuada? ¿Sabe por qué se lo ha recordado? En algún otro momento, alguien a quien usted respetaba y en quien creía, le dijo que aquella forma de conducta era inadecuada, y eso quedó dentro de usted.

En su labor de maestro, apunte al corazón, y no sólo a la cabeza. Los conocimientos que sólo van a la cabeza hacen muy poco para transformar la conducta o el estilo de vida de las personas. Una vez que llegan al corazón y entran a la conciencia, pueden convertirse en una poderosa herramienta para llevar una vida de armonía con el plan de Dios para nuestra vida.

Personas que tienen elevadas prioridades.

"Porque no nos predicamos a nosotros mismos, sino a Jesucristo como Señor" (4:5). El buen maestro se esfuerza por honrar y establecer en la mente de sus alumnos el señorío de Jesucristo. No debe haber lugar para los maestros que quieren edificar su propio reino y sus propios seguidores. Es demasiado extensa la lista de los que han tratado de hacerlo y han caído a lo largo del camino. Todo el cuerpo sufre cuando ocurre una de estas tragedias. Asegúrese de que su enseñanza sólo honra a Cristo y a su señorío.

Personas que son modelo de líder-siervo.

"Como vuestros siervos por amor de Jesús" (4:5). Tiene una importancia máxima que el maestro sea líder y siervo. Tenemos un buen modelo de esto en los tres años de ministerio de Cristo en la tierra.

Es interesante observar que Jesús sólo tuvo tres años para alcanzar al mundo, y su respuesta a este reto consistió en escoger a doce hombres que lo ayudaran a realizar esta tarea. En la superficie, esto parece un poco contraproducente, pero Él tenía una razón sólida de usar este método. Llamó a estos hombres a seguirlo para poderles mostrar en qué quería Él que se convirtieran. Les manifestó la persona y los propósitos de Dios en todas las situaciones en las que se encontraron. Les enseñó cómo debían enfrentar todas las situaciones de la vida, obrar y responder en medio de ellas. Es un excelente ejemplo de adiestramiento en el trabajo. Le habría sido muy difícil realizar esto con más de los doce que había escogido.

Jesús nunca fue la clase de líder que dice: "Hagan lo que digo, pero no lo que hago". En vez de esto, iba al frente en todas las situaciones. En público y en privado, vivía las verdades y los principios que compartía con los Doce. Nunca les pedía que hicieran nada que Él no hubiera hecho. Era su ejemplo vivo.

Usted tiene la misma responsabilidad con aquellos a quienes

les enseña. No sólo tiene la responsabilidad de presentarles una información que sea producto de una buena indagación, sino que también la tiene de vivir las verdades que enseña en su vida diaria. Eso es ser líder y siervo en su forma más legítima. Un poeta resumió esto cuando escribió las siguientes líneas:

"En cualquier día, prefiero ver un sermón a oírlo;
Prefiero que caminen conmigo, a que me enseñen el camino."

Si usted es maestro, no tiene días libres.

Personas que dependen del poder de Dios para alcanzar sus metas.

"Porque Dios, que mandó que de las tinieblas resplandeciese la luz, es el que resplandeció en nuestros corazones, para iluminación del conocimiento de la gloria de Dios en la faz de Jesucristo" (4:6).

Probablemente, aprender a depender de Dios para obtener unos resultados sobrenaturales es uno de los principios más importantes que usted puede aceptar. Tal vez ya a estas horas usted sepa que le es imposible cambiar a nadie. Puede hablar hasta agotarse, compartir verdades, presentar principios y normas bíblicos hasta que ya no pueda hablar más, y el resultado será que sus alumnos lo mirarán con una expresión de "¿y a mí, qué?" Esta reacción es inevitable, porque no estamos trabajando sólo en el ámbito del intelecto, sino que estamos en una zona de guerra espiritual.

No basta con limitarse a presentar la verdad; hace falta que el Espíritu de Dios mismo imparta esa verdad para que transforme la vida. El sermón de Pedro en el día de Pentecostés (Hechos 2:14-41) tuvo gran éxito; sin embargo, cuando lo examinamos, en realidad no fue un sermón demasiado emocionante. No estaba muy bien preparado; no encajaba con los modelos de presentación de los sermones o las lecciones (ni siquiera concluyó con un poema), y estuvo muy lejos de ser delicado con los que estaban buscando. Sin embargo, más de tres mil personas de las que menos se esperaría que lo hicieran en toda la faz de la tierra, respondieron clamando apasionadamente que se les indicara cómo hallar la salvación.

El secreto del buen éxito en el sermón de Pedro fue la dinámica espiritual que se produjo. Hechos 2:37 dice que los que estaban escuchando "se compungieron" (literalmente, "sintieron que los herían hasta el corazón"). Sin duda alguna, esto describe los efectos de la Palabra de Dios en las manos del Espíritu Santo, cuando Él hace que la verdad pase de nuestra cabeza a nuestro corazón. Los maestros tal vez podamos cambiar algunas de las formas de conducta de nuestros alumnos, pero hace falta la obra del Espíritu para producir cambios permanentes en la vida. Invite al Espíritu Santo a que enseñe junto con usted.

¿Qué importancia tiene su vida personal?

El buen éxito y la eficacia como maestro van más allá de lo que hacemos, para ir a lo que somos. En los primeros años del sistema educativo en los Estados Unidos, las dos cualidades que necesitaban los maestros eran que supieran más que sus alumnos acerca de un tema, y que fueran ciudadanos honorables que les dieran a éstos buen ejemplo. Casi todas las poblaciones pequeñas tenían su antigua "escuela de dos habitaciones". El maestro podía ser cualquier miembro de la comunidad que supiera leer, escribir, y hacer cuentas, y tuviera paciencia para enseñar a otros a hacerlo. Al aumentar el número de alumnos en las escuelas y hacerse más técnica la naturaleza de la información necesaria para funcionar en la sociedad, se consideró que estas dos cualidades no eran adecuadas. Con el aumento de la especialización que se exigía a los maestros, se produjo una pérdida gradual del énfasis en la importancia de la conducta personal y el ejemplo del maestro. Aunque sigue habiendo muchos maestros de escuela que tienen una moral elevada, esto es ahora algo optativo, y no un rasgo normal.

Los que enseñan en la iglesia local nunca deben restar importancia a su conducta personal. No nos dedicamos únicamente a llenar la mente a las personas. Los líderes de escuela dominical y de los pequeños grupos que van delante de sus alumnos a compartir la Palabra de Dios deben reconocer que éstos irán a algún lugar por la eternidad. Es una responsabilidad, extraordinaria, o mejor sería decir que es algo de vida o muerte. En realidad, puesto que usted es quien enseña las verdades espirituales, su profesión es la única que va más allá de la vida y de la tumba misma. Un médico con el mejor de los entrenamientos y las mejores habilidades en su profesión sólo puede causar un impacto en la persona hasta que se le detenga el corazón y cese su actividad cerebral; en cambio, lo que usted hace causa en la persona un impacto que llega más allá de esta vida, hasta la eternidad.

En vez de afligirnos, debemos decidir ser lo mejor que podamos. Todo lo que Dios pide de cada uno de nosotros es que seamos canales por los cuales Él haga lo que quiere hacer. Él nos dota de dones a todos por medio de su Espíritu, y nos da poder para realizar la obra que tenemos por delante. Pero observe que, aunque Dios obra por medio de nosotros, no somos autómatas ni actuamos mecánicamente. Él espera que usemos al máximo nuestros dones, talentos y capacidades naturales, y entonces, asume la dirección allí donde termina lo mejor de nosotros, para terminar la tarea. El líder eficaz es el que reconoce a Dios como fuente, y hace cuanto esté a su alcance para ser lo mejor posible. Ese maestro será el tipo de persona siguiente:

Una persona de oración

Ningún maestro es más eficaz que su vida de oración. Tenga siempre presente que enseñar a otros acerca de Dios es una batalla espiritual. Es una batalla que no puede ganar con su propia fortaleza y sus propias capacidades; sólo los medios y las armas espirituales nos capacitan para ganarla. Hay barreras, actitudes, obstáculos, y esquemas de comportamiento que sólo se pueden penetrar con la oración. También hay unas tinieblas espirituales destinadas a impedir que sus alumnos, cualquiera que sea su edad, descubran la transformadora verdad que usted les está tratando de presentar.

Lo irónico está en que se puede hacer un buen trabajo al nivel de la mente sin haber pasado tiempo alguno en oración. En realidad, hasta podemos recibir numerosos elogios sobre nuestra enseñanza sin una preparación espiritual; sin embargo, muy raras veces tienen esas lecciones un impacto transformador en las personas. Los maestros que deciden enseñar sin orar, muchas veces tienen un grupo de personas con conocimientos que pueden utilizar las palabras correctas, pero llevan una vida espiritual vacía y sin realizar, muy parecida a la de los líderes religiosos de los tiempos de Jesús (Mateo 15:3-9). La enseñanza eficaz y capaz de cambiar la vida comienza con la oración.

Adopte la costumbre de orar por sus alumnos. Hay maestros que tienen una lista de oración con los nombres de sus alumnos, y van pronunciando esos nombres cada vez que oran. Otros mantienen una lista con necesidades particulares de oración que sus alumnos les han comunicado. Conocía a una maestra que tenía una lista de oración en la que estaban escritos el nombre del alumno, su necesidad, la fecha en que ésta era presentada, y la fecha en que era respondida. Rehusaba dejar de orar hasta que era evidente que había habido una respuesta. Cómo edifica la fe el que mantengamos un registro de las oraciones respondidas.

Desarrolle el hábito de orar por sus alumnos cada vez que piense en ellos. Ore por ellos cuando pase en su auto por la casa de ellos, por su escuela, los vea en un campo de pelota o en el estacionamiento del centro comercial. Tal vez se despierte por la noche pensando en ellos. Nunca deje que pase un momento así sin orar por ellos. ¡Quién sabe lo que puedan estar pasando en ese instante! Su oración podría ser precisamente lo que abriera a Dios un camino para ministrarles.

Los maestros también deben orar por una profunda comprensión del material de sus lecciones, claridad en la presentación, preparación de la mente y el corazón de los alumnos, y la ayuda del Espíritu Santo. Ya debe haber captado la idea. Sencillamente, el maestro eficaz es un maestro que ora.

Una persona solícita

Todo el tiempo que he estado ocupado en la escuela dominical, a los maestros se les ha exhortado a mantener un cuaderno con una página por alumno. En la página debe haber una foto del alumno, junto con otros detalles de información personal, como cumpleaños, dirección, y número de teléfono. Según la edad del alumno, la página puede contener una lista de los pasatiempos favoritos de éste, sus intereses únicos, el nombre de un animal favorito, los temas con los que tiene dificultades en la escuela, y una situación definidora de su hogar que tenga impacto sobre su forma de responder al alumno. Esta información le permitirá comunicar su solicitud y preocupación por sus alumnos mientras trata de relacionarse con ellos.

David, Juani y cada uno de sus hijos se sentirían muy especiales si los recibiera a la puerta un solícito maestro que conociera a cada uno de ellos lo suficiente como para preguntar por el trabajo de David, los ancianos padres de Juani, los intereses propios de cada uno de sus hijos, y también "Nerón", el perro de la familia. Le puedo asegurar que este nivel de interés no pasará inadvertido ante nadie, cualquiera que sea su edad. A todos nos gusta que nos noten y que sean solícitos con nosotros. Esta manifestación de interés servirá mucho para que esos alumnos sigan viniendo.

Una persona que aprende

El maestro siempre está dando. Eso significa que tiene que estar también recibiendo; de lo contrario, después de un tiempo se hallará andando con el tanque vacío. Estamos en la era de la información. Hoy hay más conocimientos a nuestra disposición acerca de un solo tema, que cuanto lo estaba en el pasado sobre todos los temas juntos. Para ser un maestro con una clase estimulante, necesitamos pasar más tiempo que nunca aprendiendo.

Aunque es cierto que necesitamos aprender cuanto podamos las enseñanzas de la Biblia, también necesitamos estar conscientes de lo que está sucediendo en nuestro mundo y de la mejor forma de comunicar y presentar el mensaje que tenemos a ese mundo en el cual vivimos.

Los maestros tienen muchas y magníficas oportunidades de crecer. Una de las formas más accesibles es la lectura. Cada año se escribe y publica una gran variedad de libros; sin embargo, no pase por alto algunas de las obras clásicas del pasado.

Hay personas a quienes sencillamente no les gusta leer; esas personas se pueden beneficiar con la abundancia de material multimedia que tienen a su disposición. Los maestros pueden escuchar y ver lo que se han estado perdiendo, por ver videos y DVDs, o escuchar CDs y cintas grabadas de oradores y maestros de confianza, mientras están en su auto o en su casa. No obstante, no deben rehuir por completo la lectura. Busque artículos y publicaciones cortas donde hallará sugerencias e información que lo ayudarán. Si es necesario, oblíguese a sí mismo a leer algo en su proceso de aprendizaje.

Otra buena fuente para mejorar es entablar conversaciones con otras personas de intereses similares. Es bueno hablar a diario con alguien que sepa más que nosotros acerca de un tema. Se puede aprender mucho de los demás.

Muchas de las grandes ciudades ofrecen continuamente conferencias de educación cristiana y reuniones de adiestramiento. Éstas tienen un gran valor, puesto que no sólo se aprende, sino que también se conoce gente nueva que está haciendo lo mismo que uno.

La Internet ofrece también algunos portales buenos para el entrenamiento. Aquí es necesario hacer una advertencia. Asegúrese de que las fuentes que escoja sean dignas de confianza y doctrinalmente sólidas. De lo contrario, se podría estar causando una verdadera confusión. Las Escrituras dicen con toda claridad que los tiempos en que vivimos estarían marcados por la presencia de unos falsos maestros que propagarían unos errores doctrinales que podrían sonar muy atractivos. Una buena salvaguardia contra esto consiste en dejar de lado todo lo que sea dudoso, hasta que le sea posible buscar el consejo de su pastor o de otros líderes con conocimientos que puedan verificar su credibilidad. Uno de los mejores portales de la escuela dominical es el siguiente: **www.sundayschool.ag.org.**

Sólo podremos enseñar mientras continuemos creciendo.

Una persona observadora

Los maestros tienen la maravillosa oportunidad de observar continuamente a sus alumnos. Esto es indispensable en el proceso de discipulado. Pueden monitorear el progreso de cada alumno a lo largo de su andar espiritual y darle una ayuda especial cuando lo necesite.

No sólo puede usted observar a sus alumnos, sino que también puede detectar señales de problemas y ayudar a corregirlos antes de que se vuelvan incontrolables. Una maestra de una clase de adolescentes notó un domingo que una de sus alumnas más exuberantes entró calladamente a la clase y se fue a sentar a la parte de atrás del aula. A la maestra le pareció poco usual, pero pensó que tal vez no se sentía bien, o que estaba molesta por algo. Lo mismo sucedió a la semana siguiente, y una semana más tarde. Entonces supo que algo tenía que andar mal. Por eso, le pidió que almorzara con ella. Hicieron planes para regresar después y decorar algo el aula. La jovencita aceptó, y durante aquellos momentos que estuvieron juntas, se abrió y le reveló algunas cosas serias que estaban comenzando a suceder en su hogar. La maestra reaccionó de forma adecuada, y consiguió ayuda para la familia antes que las cosas fueran demasiado lejos y se perdiera el control. Este incidente tuvo un final feliz, porque una maestra cumplió con su papel de persona observadora.

Una persona paciente

Tal vez ésta sea la parte más difícil de nuestro trabajo como maestros: tener paciencia. Es posible que usted se encuentre con el mismo grupo de jóvenes una semana tras otra, y las palabras más amables que tengan sean "qué aburrido es esto". O quizá tenga una clase de niños más jóvenes, en la que haya un pequeño cuyas contorsiones no respondan a las palabras "escuchemos nuestro relato bíblico durante unos pocos minutos". O puede ser que se encuentre con alumnos adultos que se sienten en su clase para poner la mirada más en blanco que usted haya visto en su vida, y salgan una semana tras otra sin que se haya producido cambio alguno en ellos. Quizá lo más difícil de aceptar sea cuando después de años de estar enseñando una y otra vez a un alumno el mismo principio, por fin se haga la luz en la mente de éste, lo mire, y le pregunte: "¿Por qué no me había dicho esto antes?" Con eso basta para tener ganas de renunciar.

Jesús fue nuestro modelo de paciencia. Se pasó el limitado tiempo que estuvo en la tierra desarrollando a sus doce discípulos enseñándoles, sirviéndoles de modelo, adiestrándolos y dejando que se probaran en la labor. Durante aquel tiempo, corrigió sus torpes pensamientos, arregló sus disputas, encauzó sus energías, y les repitió pacientemente sus instrucciones hasta que por fin las comprendieron. La Biblia muestra con claridad que de vez en cuando su paciencia llegó al límite, pero nunca se dio por vencido con ellos.

Conclusión

¿Suena muy difícil todo esto? Seamos sinceros: es duro vivir a la altura de estas normas. A veces puede ser más duro que otras. Sin embargo, recuerde que nadie ha dicho nunca que enseñar sea cosa fácil. Se disfruta; es gratificante. Sin embargo, es difícil y a veces es estresante. No obstante, si lo pensamos, es un estrés bueno, porque los tiempos difíciles separan a los que han sido dotados y llamados a la enseñanza, de aquellos que no lo han sido. Si fuera fácil, cualquiera podría hacerlo. Pero no lo es. Por eso los maestros como usted son personas especiales.

Notas

[1] Michael H. Clarensau y Clancy P. Hayes, *Dadles lo que quieren: cómo convertir la escuela dominical en un lugar donde la gente quiere estar* (Springfield, Mo.: Gospel Publishing House, 2001).

[2] Thom S. Rainer, Surprising *Insights from the Unchurched and Proven Ways to Reach Them* (Grand Rapids, Mich.: Zondervan Publishing Company, 2001).

[3] Thom S. Rainer, *High Expectations* (Nashville, Tenn.: Broadman and Holman, 1999).

La creación de un ambiente para el crecimiento

David y Juani han tomado una decisión respecto a la iglesia donde asistirán, al menos por el momento. Han estado asistiendo fielmente a su iglesia durante los últimos domingos. Han comenzado a hacer algunas amistades, y han salido a comer con esos nuevos amigos durante las últimas dos semanas. Aunque todas estas cosas son buenos indicadores de que han comenzado a asentarse, no aseguran por completo que su familia termine quedándose en su iglesia. La próxima tarea de vital importancia consiste en asimilarlos a la vida de la iglesia.

No hay en ningún lugar otro mejor instrumento de asimilación que los pequeños grupos. Y dentro de las opciones entre los distintos pequeños grupos, la escuela dominical mantiene los más altos honores. Esto no quiere decir que otros pequeños grupos no sean tan importantes o eficaces en el proceso de asimilación. La escuela dominical se distingue de los demás grupos del género por el hecho de que es el único que no está limitado a un sexo determinado ni tiene límites de edad establecidos. Nadie puede llegar a estar fuera del alcance de la escuela dominical. En ella se proporciona a todos un lugar al cual pertenecer desde la cuna hasta la tumba.

David y Juani tienen sus hijos en las divisiones de preescolares, adolescentes, y jóvenes. La forma en que serán satisfechas las necesidades de esos hijos suyos en las diversas clases será un elemento importante en su decisión de quedarse en su iglesia o irse a otro lugar. No permanecerán dentro de su fraternidad, a menos que todos los miembros de su familia disfruten de sus clases, se sientan aceptados por los demás que están en ellas, y estén satisfechos de participar en ellas. Nunca podremos destacar bastante el papel que tiene cada maestro y cada grupo, y su grado de importancia dentro del proceso general de asimilación.

Esto quedó ampliamente demostrado para mí en una ocasión en que estaba recibiendo a las personas en nuestra iglesia. Llevaba a una nueva familia a las aulas donde iban a estar sus hijos. Una vez distribuidos los hijos en sus clases, cuando los padres se sintieron seguros, regresamos a la clase de adultos donde habían decidido estar. El padre me hizo esta observación mientras volvíamos: "Como comprenderá, nuestra decisión final sobre si quedarnos aquí o no dependerá por completo de lo felices que se sientan nuestros hijos". Después me dijo que él y su esposa podían "soportar" algunas cosas con las que no se sentían especialmente felices, siempre que a sus hijos se les estuviera ministrando con eficacia.

¿Qué hace que el ambiente de una clase sea eficaz?

Un maestro que atiende las necesidades

Cuando David y Juani entraron a su clase, iban en busca de algo concreto. En realidad, es probable que no se dieran cuenta, ni supieran qué iban buscando. Eran como el que anda curioseando en una tienda, que responde al típico "¿qué anda buscando?" con un "no lo sé, pero lo voy a reconocer en cuanto lo vea". Y sigue buscando hasta que lo encuentra. Esto describe la forma en que

David y Juani están tratando de hallar su hogar espiritual.

Vivimos en una sociedad de "satisfacción de necesidades". Esto significa que la gente como David y Juani se siente impulsada por la necesidad más apremiante que tenga en el momento, y por lo general basa en ella sus decisiones. Estas necesidades son las "necesidades que se sienten".

Tal vez ninguna generación se haya visto impulsada tanto por las necesidades que siente, que la nuestra. Esta mentalidad deja su huella en todas las decisiones de nuestra vida, entre ellas la iglesia a la que asistimos, el lugar donde vivimos, y los acontecimientos a los que les damos entrada en nuestro calendario familiar. Es importante que usted comprenda que cada vez que está frente a su clase, sus alumnos se están preguntando de qué manera su presentación satisface las necesidades que están sintiendo dentro de la situación particular en que se hallan en la vida.

Raras veces a la gente le preocupa lo lejos que tengan que ir con el fin de hallar un lugar donde se satisfagan sus necesidades. Hoy, la gente es capaz de pasar junto a diez buenas iglesias para llegar a aquella que realmente le gusta. Como verá, mientras la satisfacción supere al sacrificio, se sienten satisfechos, y la distancia es poco importante.

Todos los segmentos de su tiempo de clase, el contenido de su presentación, y todas las actividades relacionadas, deben ser pertinentes para los que componen su grupo de clase. Es de importancia máxima que todo lo que suceda durante la clase tenga conexión con lo que está sucediendo en la vida diaria de ellos. Tal vez el mantenimiento de esa constante pertinencia le parezca un continuo reto. Sin embargo, es imprescindible para que usted tenga la esperanza de hacer que David y Juani sigan asistiendo.

Con sinceridad, si usted es como la mayoría de los maestros, es probable que se le haga difícil cambiar lo que ha estado haciendo durante años, sobre todo si ha tenido algún grado de buen éxito. No obstante, es necesario que haga cambios de vez en cuando para poder mantener una relación continua con la vida de aquellos a quienes les está enseñando.

Si recuerda a sus propios maestros, podrá identificar con facilidad a uno o dos que fueron sus favoritos. Lo más probable es que usted haya moldeado su estilo de enseñanza de acuerdo con el de ellos. La principal razón de que causaran una impresión en usted, es que estaban enseñando de una forma que tenía que ver con sus necesidades, y a usted le agradó que lo hicieran. Por otra parte, es probable que aquellos maestros de cuya clase usted no disfrutaba tanto, por una u otra razón no pudieran establecer una conexión con usted.

Tal vez usted sea un buen maestro; quizá uno de los mejores, pero si no hace el esfuerzo de dirigirse a las necesidades de sus alumnos, no considerarán lo que enseña como pertinente, y evitarán su clase.

Un maestro que comprende a los alumnos

Por lo menos, hay tres estilos de escuchar, representados en cualquier grupo de personas. Hay quienes escuchan con los oídos, otros que escuchan con los ojos, y un tercer grupo que escucha con sus emociones. Cada persona tiene una forma dominante de escuchar que recibe el refuerzo de los otros dos estilos. Exploremos un poco más cada una de ellas.

Hay un segmento de su grupo que es impulsado mayormente por lo que oye. Estas personas están pendientes de cuanta palabra dice usted, y también de lo que aportan otros. Les gustan las conferencias y cualquier otro método en el cual domine la palabra. Los que caen dentro de esta categoría aprenden más por oír palabras que si estuvieran leyendo el mismo material que se presenta o comenta.

Por otra parte están los que escuchan con los ojos, eso es, por medio del estímulo y la observación visual. Cuando realmente se activan y sintonizan con usted, es cuando les saca las visuales. Estas personas prefieren los videos, las transparencias, las diapositivas organizadas en "PowerPoint", o cualquier otra cosa que se pueda ver. Los que aprenden visualmente tal vez sean lectores, pero adquieren más conocimientos por medio de los materiales visuales y los objetos. Se los identifica en seguida. Son aquellos que ponen la mirada en blanco cuando usted les está diciendo algo. Póngalo en papel, y será suyo para siempre. Estas son las personas que leen las instrucciones de un proyecto antes de comenzarlo.

Por lo general, la necesidad de aprender de forma visual es más pronunciada entre los niños, pero son muchos los jóvenes y adultos que también la necesitan. Muchas veces, los jóvenes y adultos que aprenden mejor por medios visuales pasan inadvertidos sólo porque no expresan su necesidad con tanta frecuencia como los niños. Lo penoso de esto es que pueden estar dejando de aprender alguna información muy necesaria, por estar fantaseando mientras el maestro no usa los métodos que mantienen despierta su atención.

Por último, están los que escuchan con sus emociones. Les encanta el entusiasmo que despierta un cuento relatado con emoción. Les cautiva representar papeles emocionantes, hacer algo con las manos, actuar en dramas o visitar lugares fascinantes. También esto se nota mejor en una clase de gente más joven, pero hay muchos adultos que aprenden de esta forma, y que pasan inadvertidos durante la típica presentación orientada a los adultos.[1]

El reto al que usted se enfrenta como maestro consiste en hallar la forma de alcanzar con eficacia dentro de un solo escenario a las personas que tienen los tres estilos de escuchar. Observe en las técnicas de enseñanza usadas por Jesús, que Él iba hábilmente incorporando unos métodos dirigidos a las tres maneras de escuchar. Por ejemplo, demostró y reforzó lo importante que es la humildad al poner a un niño en medio de ellos. Los que aprendían por oír, estaban escuchando sus palabras; la gente visual estaba viendo su manifestación, y prácticamente todos pudieron sentir la emoción de aquel momento.

Observe también que Jesús usaba parábolas con el fin de hacer cuadros verbales para explicar qué era el reino de Dios. Buscaba cosas corrientes y cotidianas que sus oyentes comprendían, con el fin de reforzar lo que quería que todos ellos aprendieran acerca del reino de los cielos. Todas estas parábolas estaban repletas de imágenes, palabra hablada, y una amplia gama de emociones.

Es muy interesante la forma en que estas tres formas de escuchar colaboran entre sí. Por ejemplo, mientras usted está dando información con palabras, los que "escuchan con los oídos" lo seguirán palabra tras palabra. Al mismo tiempo, los que "escuchan con los ojos" o "con las emociones" estarán conscientes de lo que está comunicando, pero en realidad no se sentirán cautivados por lo que dice. Sin embargo, saque un instrumento visual y de repente habrá captado la atención de aquellos que "escuchan" por medio de la observación. Se habrá apoderado de su atención. Aún no habrá captado plenamente la atención de los que "escuchan" con las emociones, pero seguirán captando algo de lo que está diciendo. También podrá notar que los motivados por las palabras ya no se sienten tan cautivados como antes.

Esta escena se repite de nuevo cuando usted pasa a una actividad diseñada con miras a beneficiar al grupo que "escucha" por medio de sus emociones. No se preocupe; esto constituye una parte perfectamente normal del proceso de comunicación. Tratar de alcanzar a todos en sus diversas formas de escuchar significa reducir la atención que se le ha estado dando al estilo preferido anteriormente, y en vez de esto, proporcionar *a cada uno* de los estilos un momento especial en la enseñanza que va dirigido a los que tienen ese estilo en particular. Aunque los otros dos grupos no estén en una sintonía total, seguirán atendiendo. Lo que estén oyendo o viendo reforzará las verdades que aprendieron cuando usted estaba "hablando en su idioma".

Me dio un buen ejemplo de esto un adulto que recuerda una clase de escuela dominical a la que asistió cuando sólo tenía seis años de edad. La lección de aquel día era el relato del cruce del Mar Rojo por Israel durante su éxodo de Egipto. La maestra llevó a clase un recipiente con gelatina roja que había preparado de tal manera que, al retirar la cubierta de plástico, se abriera el "Mar Rojo". Mientras contaba la historia, permitió a los niños que "abrieran el Mar Rojo". Les había permitido que dibujaran rostros en unas figuras hechas con broches para colgar ropa que debían representar al pueblo de Dios mientras atravesaba el mar hasta la otra orilla. Cuando el ejército egipcio (unos soldaditos de plástico) trataba de seguirlos, el "mar" se cerró alrededor de él. Para terminar la sesión, los niños se comieron la gelatina como merienda. Esta creativa idea era atractiva para las tres clases de aprendizaje. Y fue tan eficaz, que este alumno adulto aún la recuerda hoy.

Cualquiera que sea el nivel promedio de edad en su clase, siempre hay formas creativas de hacer de cada domingo un recuerdo memorable para todos los miembros de esa clase. Por eso se le recomienda que comience a prepararse a principios de semana. Este tiempo que tiene por delante da lugar a que el Espíritu Santo le inspire ideas creativas que lo ayudarán en sus esfuerzos por cruzar la línea que transforma la enseñanza en aprendizaje.

Observe sus clases actuales y el estilo de enseñanza que utiliza. ¿Qué puede hacer para mejorar? Pida a sus alumnos una evaluación sincera. No se ofenda si le ofrecen consejos creativos e ideas nuevas para hacer más eficaz aun lo que usted esté realizando. El maestro eficaz sabe cómo y cuándo hacer cambios que mantengan la pertinencia de su enseñanza para los alumnos. La falta de cambios o de adaptación a los nuevos métodos cuando se necesiten, puede convertir una buena clase en una clase poco interesante.

Solemos poner una especie de etiqueta a todo aquello que no entendemos por completo. Los que tienen un estilo de aprendizaje que no es aquel con el que nos sentimos más cómodos, reciben con frecuencia la etiqueta equivocada. A veces se dice de ellos que tienen un "déficit de atención". No obstante, como yo mismo soy una de esas personas que aprenden de una manera distinta a la mayoría, pienso que sería más exacto hablar de "dirección de la atención" en vez de "déficit". Dicho en palabras simples, hay alguna otra cosa que yo considero más estimulante, y que siempre está compitiendo por mi atención, y es más atrayente que aquello que me están presentando. Es el maestro quien tiene la responsabilidad de conocer los estilos de aprendizaje de sus alumnos y presentarles las lecciones de una forma que los atraiga.

La comunicación con todos sus alumnos no es fácil, pero sí es posible. Aprenda a escucharlos por medio de una realimentación activa para saber que están escuchando lo que usted les comunica. Esto le da la seguridad de que todos los miembros de la clase están recibiendo el mensaje, y completa el ciclo de enseñanza y aprendizaje.

Un maestro que se ajusta a sus oyentes

Hemos hablado de las diversas formas de escuchar que tienen los alumnos. Sin embargo, ¿sabía usted que hay grupos enteros de oyentes que tienen también un estilo preferido de aprendizaje? La mejor forma de definir las preferencias del grupo o sus preferencias en cuanto al aprendizaje, es decir que se trata del formato y de la escena dentro de los cuales se presenta una clase.

Piense en las clases a las cuales ha asistido. ¿Ha habido algunas donde era estimulante y divertido estar, mientras que en otras parecía estar embelesado ante le maestro, pero sin que en efecto estuviera viéndolo y con la mente en otro lugar? Todos hemos hecho esto, y por supuesto, no queremos que suceda en nuestras clases.

¿Se trataba entonces de un mal maestro? Tal vez no. ¿Era el tema muy pobre? Lo más probable es que tampoco fuera ése el problema. Podemos localizar ese inconveniente en el hecho de que el grupo tenía una forma preferida de escuchar, mientras que el maestro tenía otra.

Los del tipo de David y Juani que lleguen a su iglesia, estarán buscando una clase en la cual el maestro cree un ambiente de aprendizaje y use un estilo dirigido a la forma preferida de escuchar de sus oyentes. Lo irónico es que, en muchos casos, ni el maestro ni los alumnos están siquiera conscientes de este concepto. Simplemente lo saben cuando se reúne todo.

Todos nosotros somos individualmente la suma total de las experiencias de nuestra vida. Tenemos nuestra estructura individual de valores, muy cercana a nuestra persona, y muy estimada por nosotros. Nuestras experiencias, preferencias, y valores hacen que nos sintamos atraídos hacia un tipo particular de iglesia, clase o grupo pequeño. Veamos unas cuantas de las opciones que tenemos a nuestra disposición.

Los tradicionalistas. Los que disfrutan de la forma tradicional de hacer las cosas suelen asistir a una clase de escuela dominical que por lo general se reúne en el santuario de la iglesia. Puesto que estas clases están preparadas mayormente para tener un maestro que es quien habla la mayor parte del tiempo, en realidad no es tan importante que se dedique tiempo a actividades, o que se distribuyan los asientos de una forma que facilite los comentarios de los alumnos.

A este grupo de personas le encanta estudiar a partir de una serie impresa que tenga un plan de estudios y siga el esquema trimestral de las trece semanas. El maestro debe ajustarse al plan y no terminar el material una semana antes o después de terminado el trimestre. El tradicionalista vive esperando el domingo anterior al nuevo trimestre, en el cual se distribuye el nuevo material de estudio. Puesto que este grupo es tradicional, suele expresar su oposición al uso de nuevas versiones de la Biblia. Posee una inflexible lealtad a la versión Reina-Valera de la Biblia, y le encanta cantar los himnos tradicionales que aparecen en el himnario.

Si esto describe al grupo con el cual usted está trabajando, entonces es necesario que esté consciente de lo que les gusta y lo que no, y sea comprensivo con ellos en todos los niveles. No le toca a usted cambiar el estilo de la clase. Lo que le corresponde es retarlos con la Palabra de Dios dentro del ambiente que más disfrutan. Todo intento por forzar a un cambio suele terminar en una pérdida de eficacia por parte del maestro. Si su iglesia tiene otro grupo donde usted pueda enseñar, tal vez también haya otro maestro en ella que sea más adecuado para este grupo.

Los "supervivientes". Estos "supervivientes" se agrupan alrededor de necesidades, experiencias o preocupaciones comunes dentro de un ambiente de fraternidad más o menos suelto. Lo típico es que en estos grupos haya padres solteros, gente que ha sido maltratada, gente que asiste a la iglesia sin su cónyuge, y grupos de recuperación. Una vez que se reúnen, crean unos fuertes lazos fraternales que tienen por consecuencia el desarrollo de unas relaciones fuertes y duraderas. Debido a la razón de ser de estos pequeños grupos, sus miembros son muy cautelosos y se protegen a sí mismos, lo cual hace casi imposible que una persona nueva entre en sus filas.

Los miembros de estos grupos de supervivencia se sienten mucho más cómodos si se reúnen en algún lugar que les permita sentarse de manera que se miren unos a otros. Un buen lugar puede ser una sala de fraternidad o un hogar, puesto que en este grupo también agrada notablemente el servicio de café y pasteles. Otra cosa que quieren tener es un amplio tiempo de interacción antes que comience el estudio. El maestro de este grupo debe estar dispuesto a permitir que esto suceda, e incluir este momento dentro del plan de la lección.

Los "supervivientes" no quieren un maestro tradicional. Prefieren lo que se podría clasificar como un "aprendiz guía", que los guíe en sus descubrimientos. Reaccionan bien ante un líder que hace una afirmación, lee un párrafo de un libro, o repite una cita que ha oído, y después pregunta: "Muy bien, ¿y ustedes qué piensan de esto?"

El líder facilita la discusión mientras progresa alrededor del círculo, permitiendo que todos expresen sus ideas acerca del tema. En este grupo se expresarán muchas y diversas opiniones, con poca evaluación, a menos que el concepto expresado esté muy fuera de tono. Los "supervivientes" creen que todo el mundo tiene derecho a sus propias opiniones y a sus propios sentimientos.

Los materiales de estudio de estos grupos pueden ser casi cualquier cosa, siempre que se relacione con la necesidad que tienen en común. El trimestre de trece semanas no limita a los "supervivientes". Lo que quieren es estudiar un tema hasta abarcarlo. Tal vez haya representadas en la sala tantas versiones de la Biblia como participantes hayan acudido a su clase.

Los "supervivientes" reconocen valor a la oración en conjunto. En realidad, en algunos ambientes se puede dedicar hasta más de la mitad del tiempo de clase para las peticiones de oración. Estas personas se necesitan mutuamente con verdadera urgencia. No hay dudas de que se sentirían afligidas en la mayoría de los demás ambientes de clase. Necesitan un maestro especial que sea afectuoso, comprensivo, y paciente con ellas.

El reto para los maestros de los grupos de "supervivientes" consiste en evitar un estilo de enseñanza que permita que los alumnos se sigan hundiendo en sus problemas. En vez de esto, la meta del maestro debe consistir en ayudarlos a superar sus dificultades.

Los intelectuales. Este grupo está formado por los que viven para hacer estudios profundos de la Biblia. El plan de estudio que prefieren suele ser seguir un libro de la Biblia con comentarios. Las personas que tienen esta preferencia suelen ser las que se han pasado la vida formándose y estudiando. Aquí quedarían incluidos los profesionales de todo tipo, quienes disfrutan de unos estudios intensos y detallados. Quieren que se los rete intelectualmente. Cuanto más información puedan reunir, tanto más satisfechos se sentirán.

Los que lo recogen todo. El último gran grupo es el que podríamos llamar el grupo general, "los que lo recogen todo". Los grupos que caen dentro de esta categoría están formados por los que no encajan en un grupo más específico. En realidad, para ellos no hay normas que cumplir. Pueden seguir un plan de estudios impreso durante un tiempo, pasar después a un libro o a un estudio temático, o tal vez estudiar un nuevo libro que ha sido recomendado por alguien del grupo.

Cada uno de los grupos que hemos examinado es importante y necesario dentro de una sana estructura de la escuela dominical y del departamento de educación cristiana. Al tenerlo todos, les habrá facilitado a David y Juani la labor de hallar su lugar, cualesquiera que sean sus preferencias.

Hay un par de cosas que debemos tener claras al ver las preferencias que tienen las personas. En primer lugar, usted es quien tiene que proporcionar la existencia de cada tipo de grupo, y permitir que los grupos se unan según se necesite y coexistan con otros grupos. En segundo lugar, es necesario que tenga el maestro idóneo para cada uno de los grupos. Nadie se siente peor que un grupo o un maestro que no está en su lugar. Sencillamente, esto no funciona.

No se ofenda si David y Juani asisten a su clase durante un par de semanas, y después se van a otra. Esto es muy corriente. No significa que usted no sea buen maestro, o que no les caiga bien. Puede ser algo tan sencillo como el hecho de que estén buscando el ambiente y el tipo de clase que tienen que ver con sus preferencias particulares.

Un maestro que sabe por qué está enseñando.

Los miembros son personas. Y el grupo ha sido formado para los miembros. Existe para ellos, y no lo contrario. Los grupos estimulantes y eficaces están diseñados para proporcionarles un lugar con el que se sientan identificados y donde compartan sus cargas y sus preocupaciones; un lugar para regocijarse y llorar juntos, según lo dicte la necesidad. Es un lugar para criar juntos a los hijos, y para envejecer juntos.

Es necesario observar que la forma en que las personas se van agrupando hoy en las iglesias es distinta a la que había hace varios años. En el pasado, las clases o grupos se estructuraban de acuerdo con la edad, aun entre los adultos. Hoy se permite a la gente que se acerque al grupo que escoja. Los miembros de ese grupo van desarrollando unos lazos mutuos y se van identificando con el grupo, al que consideran como suyo, mientras más fraternizan entre sí.

Aunque sean muchos los componentes que forman un aula de clase estimulante, tal vez el más importante sea el mensaje o el curso de estudios semanales. Esta debería ser la principal razón de que asiste la gente: estudiar la Palabra de Dios y aprender a aplicarla a su vida diaria.

Nada despierta más entusiasmo que un estudio bíblico que proporcione respuestas a las preguntas de todos los días. Los que son como David y Juani en nuestro mundo andan en busca de algún lugar donde se enseñe la Palabra de Dios de una forma práctica, fiel a su significado y contexto originales. Quieren oír lo que les dice la Biblia acerca de su propia vida. No están tan necesitados de que se les recuerden sus fallos, sino de que se les diga qué deben hacer *cuando* fallen.

La forma en que el maestro prepara y presenta la lección es la clave para que todo esto funcione. El tiempo usado para enseñar no es una especie de foro para compartir puntos de vista y opiniones personales, ni tampoco un lugar para estar atacando a nadie o para confundir al alumno con datos y detalles sin sentido. Es un momento dedicado a hacer que la Palabra de Dios sea viva, llena de sentido, y aplicable a la vida diaria.

En la mayoría de las iglesias, la hora de la escuela dominical ha sido reducida a menos de tres cuartos de hora. El maestro eficaz se debe preparar para hacer el mejor uso posible del tiempo que se le haya asignado. Tendrá la tentación de meter en ese tiempo todo lo que le sea posible, pero hay ocasiones en que es mejor explicar bien un poco de material que tratar de abarcar demasiado, dejando sin respuesta las preguntas de los alumnos. En una ocasión pregunté acerca de esto a Gail Hinshaw, consultor e instructor de administración. Él me dijo: "Es mejor llegar a la cima de una colina de poca altura, que quedarse a medias en una muy alta". Es un sabio consejo para los maestros.

La enseñanza de la Palabra de Dios

Cada uno de nosotros tiene su manera de preparar las lecciones. Sin embargo, cualquiera que sea el método que utilicemos, hay tres suposiciones que debemos considerar:

1. Todos los pasajes de las Escrituras fueron hechos a partir de una situación real, para enfrentarse a ella, o acerca de ella. Las Escrituras no son sólo una serie de "relatos bíblicos"; son registros históricos de sucesos y personajes reales. Si tenemos esto siempre presente, podremos ver el pasaje contra el telón de fondo de la vida real, y eso nos ayudará a aplicarlo a esa vida real.

2. Todos los pasajes de las Escrituras fueron escritos con un propósito. La comprensión de este principio evita que el maestro use el pasaje para su propia agenda personal. Lo primero que debe hacer el maestro es determinar qué en efecto comunicaba el escritor a sus lectores en su situación particular. Una vez determinado esto, se pueden identificar unos principios que trascienden el tiempo y las situaciones concretas.

Los maestros nunca tienen la libertad de hacer decir a la Biblia algo que ésta no les dijo a sus lectores originales. Recuerde siempre que la Biblia fue escrita ante todo para ellos. Sin embargo, por ser la palabra viva y eterna de Dios, todas las generaciones se pueden aprovechar de sus principios y verdades.

3. Todos los pasajes de las Escrituras piden una respuesta adecuada. Los maestros deben tratar de guiar a sus alumnos a una respuesta que esté de acuerdo con lo que se les ha presentado. No es posible que las personas estén en contacto con la Palabra de Dios sin que algo suceda en su vida.

Preguntas esenciales que se deben responder

A partir de estas tres suposiciones, veamos las tres preguntas esenciales que se deben responder en todas las lecciones, y que deben formar a nuestras presentaciones:

¿Qué?

En este paso se responde a la pregunta "¿Qué significaba el mensaje para sus destinatarios originales?" Para llegar a la respuesta, el instructor debe explicar los datos básicos que circundan al pasaje. Entre estos datos pueden estar incluidos el ambiente del pasaje, los sucesos históricos que lo rodean, y las costumbres y peculiaridades comunes en el tiempo en que fue escrito el pasaje. Se pueden destacar y definir las palabras importantes que haya en el pasaje. Es necesario tener el cuidado de no pasar demasiado tiempo en este aspecto. Recuerde que la escuela dominical no es sólo una clase de historia.

Y entonces, ¿qué?

En este paso se responde a la pregunta "Y entonces, ¿qué tiene que ver este pasaje con la vida de mis alumnos hoy?" Aquí es donde el maestro identifica aquellas cuestiones del mundo de los alumnos que son similares a las situaciones que estaban pasando en la vida de los personajes bíblicos que se están estudiando. A lo largo de todas las edades, siempre hay cosas comunes que son básicas. Durante toda la historia la gente ha trabajado, jugado, adorado, sostenido relaciones y vivido en comunidad. Los detalles que rodean cada una de estas cosas, cambian de una era a otra, pero los principios bíblicos básicos que los deben gobernar son universales.

Y ahora, ¿qué?

Ésta es la parte de la lección donde se hace la aplicación a la vida. En esta etapa se le pide al grupo que responda de la manera adecuada después de haberle presentado el material de estudio. El maestro puede buscar toda una variedad de respuestas. Algunos pasajes lo llevarán a exhortar a los alumnos para que acepten a Cristo como Salvador, o para que reciban la plenitud del Espíritu Santo. Otros pasajes lo podrían llevar a exhortarlos para que cambien de actitud, o tal vez aun de estilo de vida.

Lo triste es que esta parte final de la lección es la que más se desdeña o se pasa completamente por alto, debido a las limitaciones de tiempo y a una planificación defectuosa. El maestro eficaz desarrolla un plan de enseñanza que le conceda un tiempo amplio a este elemento tan importante en toda presentación. Una lección nunca estará completa mientras el grupo no haya tenido la oportunidad de responder ante el material que se le ha presentado.

Momentos esenciales para la enseñanza eficaz

Una vez que el maestro desarrolle y perfeccione esta manera de preparar las lecciones, su enseñanza conformará una dimensión enteramente nueva. Desaparecerá el temor. Ya no tendrá que animarse a sí mismo cada vez que vaya a dar la clase. Descubrirá que se siente estimulado por la oportunidad de volver a enseñar. Estará buscando cuanta oportunidad tenga para compartir lo que ha descubierto en la Palabra de Dios.

Por lo general, los momentos en que se puede enseñar algo son inesperados y sólo duran un breve tiempo. Parecen suceder sin más. Pero sabemos que es el Espíritu Santo el que los causa, con un propósito especial. Esos momentos nos pueden proporcionar algunas de las oportunidades más valiosas para hacer algo que tenga una importancia duradera. Cuando se presenten, es necesario que se aprovechen de inmediato para producir el mayor impacto posible.

Los momentos de oración

En cualquier circunstancia en que esté reunido el grupo puede haber un momento de oración. La mayoría de los grupos comienzan y terminan su reunión con oración, pero siempre deben mantenerse alertas en busca de momentos especiales de oración en otras ocasiones. Por ejemplo, durante una discusión en clase sobre el miedo, una alumna refirió cómo durante muchos años el miedo había sido parte de su vida. La mirada que tenía en el rostro y su tono de voz fueron una señal para el maestro. Vio que se estaba produciendo una intensa lucha en su vida. De inmediato aprovechó el momento para hacer que todos oraran con ella acerca de su situación. En ese momento comenzó un proceso destinado a liberarla de ese miedo que la había mantenido cautiva durante años. El líder habría podido esperar hasta el final de la clase para orar por ella, pero su sensibilidad al Espíritu Santo le hizo saber que se trataba de un momento en que se debía orar.

Los momentos de apoyo

Como los momentos de oración, los de apoyo pueden ser propicios o favorables en cualquier momento de la reunión.

Se trata de una oportunidad para que los miembros de la clase se ayuden mutuamente. Esos momentos se pueden centrar en problemas, cuestiones, dudas o inseguridades que puede estar sintiendo una persona. Un señor anciano habló de que sentía que lo estaban arrinconando en un estante cuando tenía aún tanto que dar al negocio al que le había entregado la mayor parte de su vida. El maestro se detuvo un momento como para preguntar si alguien tenía algo que decir. Otro caballero se refirió brevemente a su propia lucha con esa misma situación un par de años antes. También dijo la forma en que Dios lo había llevado a algo nuevo que de una manera extraordinaria había llenado aquel vacío. Una vez más, este momento fue muy breve, pero los resultados fueron sobrenaturales.

Los momentos de diversión

Los momentos de diversión pueden manifestarse de muchas formas y en ocasiones o circunstancias inesperadas. Esos momentos pueden hacer mucho para fortalecer la cohesión del grupo. La risa es un gran agente catalizador dentro del proceso de creación de vínculos. Un genuino momento divertido puede ser un suceso que se vuelva a vivir y sobre el cual se reflexione de nuevo durante años. Es raro que la gente se reúna sin que alguien le recuerde algún pasado momento de humor. Sin embargo, cuando hablamos de humor, necesitamos decir unas palabras de advertencia. El humor se podría estar basando en la incomodidad o los errores de otra persona. Puede tener un efecto negativo con tanta facilidad como lo tiene positivo. Conozca bien a sus alumnos, y no permita que los momentos divertidos se conviertan en malos momentos.

Para sacar el mayor provecho posible a esos momentos que no han sido planificados, los líderes de los grupos necesitan adiestrarse para ver el momento especial cuando se presente. Una vez que se haya dado cuenta, tiene que aprovecharlo de inmediato y obrar de la manera adecuada; después se podrá saborear el momento y reflexionar sobre lo que se obtuvo o alcanzó durante ese breve tiempo. El momento que no se identifica, aprovecha y saborea, es un momento perdido para siempre.

Hay quien con toda razón ha descrito los recuerdos como un don de Dios. La gente como David y Juani se identificará más con su nuevo grupo cuando se vayan acopiando recuerdos positivos que compartan con sus amigos.

El Dr. J. Allen Peterson, consejero familiar, dijo en una conferencia: "Los recuerdos están hechos de sucesos, no de cosas". Esto es lo diametralmente opuesto a lo que los trucos del mercadeo nos quieren hacer pensar. Lo triste es que muchos cristianos se han dejado llevar por la posición de una cultura de abundancia que valora al hecho de rodearnos de cosas y comodidades de criaturas. Esto ha creado una actitud que se ve reflejada en la manera de pensar que sostiene que cuanto tengamos debe ser lo más grande, lo más ruidoso, y lo mejor; de lo contrario, estamos fuera de ambiente. Los grupos que insisten en los acontecimientos que tienen que ver con la gente por encima de la supuesta necesidad de tener "lo mejor" son los que crean unos recuerdos duraderos que serán muy útiles a sus miembros.

Estas cuatro cosas: miembros, mensaje, momentos, y recuerdos, son elementos poderosos en la labor de alcanzar gente para nuestra iglesia y mantenerla en ella. Si se los pone en práctica de la forma debida, y se les permite que funcionen, producirán un ambiente de clase del que la gente querrá participar y traer también a sus amigos. Y lo más importante: se quedarán.

Conclusión

Después de un tiempo considerable de probar diversos lugares, David y Juani deciden que han hallado el lugar en el que se quieren integrar. Las relaciones, el contenido de las presentaciones, la diversión que tienen y los recuerdos que comparten los acercan el uno al otro, y también a los miembros de su grupo. Los lazos espirituales van apareciendo en David y Juani conforme se convierten en "familia" de unas personas que ni conocían unos cuantos meses antes.

En esta nueva familia suceden varias cosas maravillosas que

sólo se pueden presentar en la casa de la fe. Son satisfechas las cosas que ellos sienten como necesidades, y se ministra a las necesidades reales de su vida. Este nuevo ambiente los satisface tanto, que pronto se encuentran reajustando sus prioridades y reestructurando su lista personal de valores. Han hallado algo en lo que vale la pena invertir su vida.

Notas

1 Hallará más información sobre los estilos de aprendizaje en el artículo de Sandy Friesen "Letting Them Learn: A Basic Guide to Understanding the Learning Styles", en *Opening the Toolbox: Unlocking Curriculum's Potencial,* por John T. Maempa y Sandra Friesen, pp. 77-88 (Springfield, MO.: Gospel Publishing House, 2004).

Planifique una transformación de las vidas

Nada suscita un entusiasmo tan genuino y perdurable en una clase o en un grupo, como el hecho de ver que continuamente hay vidas que son transformadas. Esto no sólo despierta entusiasmo, sino que hace que el ímpetu vaya en crecimiento.

Lo más probable es que David y Juani, nuestros nuevos amigos, tengan algunos aspectos de su vida y de su familia que necesiten unos cuantos "pellizcos espirituales". Al mismo tiempo, también es probable que aquellos que "nunca han faltado a la iglesia un solo domingo" en años necesiten igualmente un ajuste.

La mayoría de los que lleguen a su grupo no serían considerados como terribles pecadores; ni siquiera como malas personas. En realidad, muchos tienen una familia modelo. Es muy posible que los del tipo de David y Juani que lleguen a su grupo estén ocupados en proyectos comunitarios para ayudar a los necesitados. Tal vez nunca digan una mala palabra, ni siquiera bajo presión. Y nunca les ha parecido que hacer trampa en su declaración de impuestos sea una opción viable. Tienen unas normas morales muy altas, y son un resplandeciente ejemplo de fidelidad conyugal.

Sin embargo, hasta los cristianos consagrados tienen en su vida cosas que necesitan ser puestas bajo el gobierno del Espíritu Santo. Vemos un buen ejemplo de esto en el relato bíblico de Jesús y Nicodemo (Juan 3:1-21). Nicodemo era uno de los líderes religiosos de su tiempo; estaba familiarizado con toda la Ley, y era maestro de Israel. En realidad, era tan versado en la Ley y en el judaísmo, que Jesús no respondió algunas de sus preguntas. Lo que hizo fue apelar a su adiestramiento y su base de conocimientos. Sin duda, era un hombre muy especial. Con todo, Jesús le indicó con claridad que, a pesar de todos los grandes atributos que poseía, seguía necesitando experimentar el transformador poder de Aquel con quien estaba hablando.

Lo que Jesús dijo a Nicodemo en aquella noche sigue siendo cierto hoy. Las personas buenas también necesitan tener un encuentro transformador con Él. Esto no sucede por accidente. Los maestros deben preparar un plan de lección que lleve a la persona a reconocer que necesita un cambio, y después la ayude a comprender de qué manera puede cambiar, y le proporcione un medio para hacerlo. Veamos algunos métodos diseñados para convertir su grupo en un lugar donde se transformen vidas.

Las suposiciones básicas

Tal vez el mayor error que puede hacer un maestro es dar por sentado que todos los miembros de la clase son cristianos. Otro error consiste en tratar de hacer que todos se sientan cómodos, evitando toda referencia al pecado o a la necesidad de arrepentirse. Jesús era sensible ante los sentimientos de las personas. Siempre iba a su encuentro allí donde estaban, pero rehusaba dejar que siguieran por sus caminos de pecado sin que nadie los detuviera.

Hoy le es muy fácil a alguien que no es cristiano afiliarse a una iglesia sin el beneficio de la salvación. Las personas pueden andar con cristianos, entrar a formar parte de una clase, y asumir el papel de cristianas sin llegar realmente a serlo. Todavía pueden estar perdidas en sus pecados sin ni siquiera darse cuenta. Una verdadera tragedia.

Pocos quieren volver a los días en los cuales la gente asociaba a la Iglesia con el juicio y la condenación. Aun así, es importante que se presente con claridad el evangelio en nuestros ambientes de educación cristiana y que todos los asistentes comprendan plenamente que necesitan la salvación. Cualquiera que sea la edad de sus alumnos, nunca pierda de vista la importancia y la necesidad del evangelismo en el aula, o de una enseñanza que tenga por propósito la transformación de las vidas.

Tal vez el término "evangelismo" haya adquirido algunas connotaciones negativas en su vida. Esto también puede ser cierto en los no creyentes, que tal vez hayan perdido el interés a causa de un evangelismo mal hecho. La respuesta no está en apartarnos del evangelismo, sino en hacerlo de la forma correcta.

Puesto que el centro de atención principal del reino de Dios es alcanzar a las almas perdidas, también debería ser el principal centro de atención de todas las clases de escuela dominical y de todos los grupos de discipulado. La experiencia muestra que el evangelismo no es parte automática del plan de lección típico. En realidad, hay más probabilidades de que no concretice, que de que lo haga.

Tal vez usted recuerde la edad dorada en la cual la ceremonia de conclusión entre la escuela dominical y el culto de la mañana incluía un informe sobre el número de conversiones que se habían producido durante la hora de la escuela dominical. Con el tiempo, ese informe comenzó a ser cada vez menos frecuente, conforme el número de conversiones declinaba.

En su libro *The Successful Sunday School Superintendent* ["El superintendente de escuela dominical que triunfa"], que vio la luz en 1915, Amos R. Wells hace la observación siguiente respecto al evangelismo y en lo que específicamente se refiere a la escuela dominical: "Si bien la principal labor de la escuela dominical es el estudio de la Biblia, ciertamente el principal propósito de ese estudio de la Biblia es, o debe ser, ganar almas".[1]

El cambio va más allá del hecho de guiar a las personas hacia Jesús. Por supuesto, predicar las "buenas nuevas" es anunciar la salvación en Cristo, pero también incluye la vida abundante que los cristianos pueden poseer, si dejan que Dios gobierne su vida.

Las tres razones básicas de ser de la escuela dominical son alcanzar, enseñar, y disciplinar de una forma sistemática y constante. Los maestros deben tener presentes estas tres razones para poder ser realmente eficaces en su ministerio con los alumnos.

¿Se ha preguntado alguna vez por qué los fotógrafos y los agrimensores montan sus instrumentos en un trípode? El trípode es entre todos los equipos de apoyo, el que más fácil se puede nivelar sobre una superficie desigual. La razón de esto está en que se puede ajustar cada uno de los tres pies de forma independiente, pero los tres tienen que trabajar juntos para obtener el equilibrio correcto. Alcanzar, enseñar, y disciplinar son el "trípode" equilibrado de la escuela dominical de su iglesia.

La planificación de un cambio en la vida

Los transformadores hechos que se advierten en su aula no se presentan de forma automática; es necesario que se planifiquen y se estructuren dentro del plan de la lección. De lo contrario, la clase típica terminará cuando sólo quede un instante para pensar en las cuestiones eternas y reaccionar ante ellas. Es imprescindible para el crecimiento espiritual de nuestros alumnos que los exhortemos a hacer algo con lo que han aprendido en la lección. Veamos algunas de las formas en las cuales el maestro se puede asegurar de que estas exhortaciones espirituales no queden relegadas a la lista de las "mejores intenciones".

Planee una respuesta concreta.

Cualquiera que sea el tema en un día dado, sus oyentes siempre deben tener una oportunidad para responder ante las verdades bíblicas presentadas en la lección. Veámoslo de esta forma: si vale la pena enseñarlo, vale la pena dar tiempo para responderlo.

La planificación de una respuesta debe ser algo premeditado; no un pensamiento de última hora. Ya desde antes de entrar al aula, usted deberá tener una buena idea de lo que quiere que suceda durante el tiempo de clase. De no ser así, se hallará buscando a tientas una conclusión adecuada, y lo más probable es que no sea eficaz. Los resultados finales que se desean se alcanzan cuando el maestro prepara la lección de manera que satisfaga las necesidades representadas en el grupo de alumnos.

Necesita planificar diversas respuestas, según la naturaleza del material que esté compartiendo en su lección. Esto puede depender de la situación que se presente al llegar al momento de decisión, las necesidades de los alumnos, el nivel de madurez que hayan alcanzado, o el objetivo de la lección. El maestro puede llamar a la acción, a la reflexión personal, a un cambio de actitud o a un cambio de conducta. Deje que el Espíritu Santo lo dirija en este aspecto de su lección, porque Él conoce los secretos del corazón, y dónde se encuentran sus alumnos en el camino de la fe.

Planee la lección alrededor de la respuesta.

Cuando yo era adolescente, trabajaba en una granja durante los meses de verano para ganarme algún dinero. Un verano, el dueño compró un sistema de irrigación para mantener vivas las cosechas durante esos calurosos meses. Una de mis responsabilidades diarias consistía en mover las tuberías un par de veces al día. La primera vez que mis compañeros de trabajo y yo nos dedicamos a mover las tuberías, aquello se convirtió en un cómico desastre. Tomamos la primera sección de tuberías y las pasamos a la conexión siguiente. Cuando todas las secciones de tubería estuvieran conectadas con la sección anterior que nosotros habíamos puesto, el dueño le echaría un vistazo a toda la línea para asegurarse de que estaba derecha. Nos reímos grandemente cuando llegamos al otro extremo del campo. Descubrimos que nuestro método para alinear las tuberías había hecho que se alejaran unos veinte metros a la izquierda del blanco que queríamos alcanzar. A partir de entonces, lo primero que hacíamos antes de mover cualquier sección de la tubería, era irnos al fondo del campo, andar veinte pasos hacia fuera, y colgar un costal vacío en la cerca de alambre de púas. Entonces comenzábamos a poner las tuberías de la irrigación, alineando cada sección de tubería, no con la que tenía delante de ella, sino con el costal que había al fondo del campo.

Su blanco en la lección es su apelación final. Todas las demás cosas que diga durante la lección deben estar alineadas con esa apelación. Usted necesita saber qué tipo de respuesta quiere, aun antes de comenzar a dar la clase. Durante la preparación y el desarrollo de su plan de lección, necesita saber lo que quiere obtener, y cómo lo obtendrá. Permita que los componentes de la lección —audiovisuales, actividades, meriendas y todos los demás— los vayan moviendo a todos hacia su meta.

Habrá quienes aleguen que todo esto es demasiado mecánico y que aleja de la espontaneidad de la enseñanza. Estoy convencido que lo cierto es lo contrario: cuanto más minuciosa sea su preparación, tanto mejor enseñará. La clave para evitar que la enseñanza se convierta en algo mecánico es el papel que desempeñe el Espíritu Santo en el proceso de planificar la lección.

El Espíritu Santo sabe con exactitud quiénes estarán presentes en su clase, y qué necesitará cada una de esas personas durante ese momento en especial. Recuerde que Él conoce la mente de Dios, y comprende totalmente lo que el Padre quiere hacer en cada vida y en cada reunión. Estoy convencido de que la unción de Dios sobre la *preparación* es tan importante como la unción sobre la *presentación* de la clase.

Presente su llamamiento.

Al acercarse a la conclusión de su tiempo de clase, se sentirá satisfecho de haber invitado al Espíritu a sus momentos de planificación. Después de haber buscado que Él lo guíe y le dé una razón de ser a su grupo, y de haber sido sensible a la orientación que Él le dé, estará listo para este momento cumbre en el cual los alumnos van a tener la oportunidad de tomar una decisión.

El hecho de invitar al Espíritu a participar en todos los aspectos de su clase asegurará que se producirán unas transacciones de carácter espiritual, en vez de que sólo haya un aumento de conocimientos, o una respuesta producida por una hábil manipulación. El Rvdo. George Edgerly, líder de escuela dominical y quien por largo tiempo fuera defensor de una transformadora manera de enseñar, siempre se refería a esto, llamándolo "enseñanza en equipo con el Espíritu Santo". Cuando nos ponemos en sintonía con el Espíritu Santo, estamos formando con Él un equipo invencible.

La creación de una atmósfera favorable al cambio

Hay otro aspecto decisivo que debe estar presente en todas las clases y los grupos, cualquiera que sea la edad de sus integrantes: la expectación. Sin ella, todo se convierte rápidamente en rutina; en algo predecible, insignificante, aun aburrido: siempre "lo mismo". Por eso, la asistencia de algunos miembros se convierte en esporádica, en el mejor de los casos. Podrán pasar un buen rato, disfrutar de una buena fraternidad, y aun también de buena comida, pero sin expectación, será muy raro que haya vidas transformadas.

¿Qué es la expectación? En primer lugar, no es otro endeble intento por crear una emoción superficial por medio de alguna extraña estratagema, o algún truco que conmueva emocionalmente a la persona sin cambiarla en su interior. Es la esperanza de que Dios realizará una obra divina, significativa, y transformadora.

Se puede demostrar de forma eficaz el poder que tiene la expectación por medio del relato tan repetido sobre una conversación sostenida entre un joven alumno al ministerio y el gran evangelista D. L. Moody. El joven predicador se preguntaba por qué no había siempre alguien que recibiera la salvación cada vez que él predicaba un sermón. Se dice que Moody hizo silencio por un instante, y después preguntó al joven predicador si él realmente esperaba que siempre fuera salvo alguien cada vez que predicara. El joven le respondió con timidez que no siempre lo esperaba. Entonces, el evangelista lo miró de frente y le dijo que tal vez fuera ésa la razón de que en efecto no lo hubiera.

Si sus alumnos saben que Dios se manifestará en su clase, entonces no sólo asistirán, sino que se sentirán libres de invitar a sus amigos para que los acompañen. Una atmósfera cargada de una expectación realista proporciona a todos los miembros del grupo una razón de invitar a otros a que vengan a participar en lo que está sucediendo. Es como el relato de Jesús y la mujer junto al pozo de Sicar (Juan 4:4–42). La primera reacción de ella, después de descubrir quién era aquel con quien estaba hablando, fue dejar su tinaja de agua allí mismo y salir directamente hacia el poblado para decir a todos que había hallado al Prometido que estaban esperando. Sin preocuparse por lo que pensara de ella la gente del pueblo, les decía a todos los que encontraba: "Venid, ved a un hombre…" (Juan 4:29). Hoy también, si su clase está cargada con esta misma expectación, nadie vacilará en absoluto a la hora de invitar a un amigo que tal vez tenga la necesidad de acudir con él a esa clase.

Cualquiera que sea la edad de sus alumnos, su grupo debería estar contando los días hasta la reunión siguiente. Cuando las sesiones en grupo son momentos agradables y espiritualmente satisfactorios, ni los jóvenes sienten timidez a la hora de invitar a sus amigos. Si en su grupo encuentran respuestas a sus necesidades, se sentirán seguros de que sus compañeros también las encontrarán.

¿Cómo podemos cultivar este ambiente de expectación? Como todo lo demás, no se produce de forma automática. Comente el concepto de expectación con los miembros de su grupo. Comparta con ellos de forma abierta y sincera algunas de las ideas que acaba de leer. Anímelos a llegar a la clase con una sensación de expectativa y emoción acerca de lo que Dios hará en la vida de los miembros del grupo.

Una expectación saludable se basa en la voluntad claramente afirmada de Dios, según se halla proclamada en las Escrituras. No hay duda alguna de que Él nos quiere salvar, bautizar en el Espíritu Santo, sanar y ayudar para que maduremos en nuestra relación con Cristo. Siempre podemos esperar que sucedan estas cosas, porque se hallan claramente reveladas en la Biblia.

Aunque conocemos la voluntad definitiva de Dios, debemos recordar que Él tiene su propia agenda. No se le adelante, ni trate de ayudarlo a realizar su voluntad. Esto puede tener unos resultados desastrosos. Sara y Abraham trataron de hacer realidad la promesa divina de una descendencia valiéndose de Agar, lo cual ha llevado a muchísimas generaciones de agravios y animosidad (vea Génesis 16:1–12). Ejemplos bíblicos como éste nos deben ayudar a abstenernos de tratar de ayudar a Dios.

Hay quienes enseñan que si declaramos que Dios hará algo, en realidad estamos sometiéndolo a presión. Según esta forma de pensar, Dios debe producir los resultados deseados con el fin de "salvar su buena reputación". Eso está alejado por completo de la verdad. ¿Sabe una cosa? Dios no entra en ese juego. Al intentar esto, la gente ha experimentado grandes desilusiones. Hay aun quienes se han dado por vencidos después de fracasar, porque han tratado de forzar a Dios para que haga algo en un momento que no es el señalado por Él, o que está fuera de su voluntad.

¿Ha escuchado alguna vez las oraciones de cierta gente? Hay ocasiones en que van demasiado lejos en las exigencias que hacen a Dios. Esto establece unas expectativas poco realistas que pueden producir un impacto negativo en nuestros alumnos, lo cual es especialmente cierto respecto a los más jóvenes, sea en edad, o en el Señor. Causa un conflicto espiritual el que se enseñe que Dios responde todas las oraciones, tal como las decimos. Algunos de nuestros alumnos pueden pasar trabajo para comprender por qué lo que pidieron en su oración no sucedió de la forma que lo pidieron.

Hace unos años, un ministro anciano se hallaba agonizante en su habitación. Muchos de los jóvenes de la iglesia se habían reunido junto a su lecho para tener una vigilia. El pastor joven llegó para orar por él. Comenzó a pedir a Dios que sanara al anciano ministro y lo levantara. El anciano lo detuvo y le dijo que él sabía que había llegado el momento señalado por Dios para que él se fuera a su hogar celestial. Le pidió que no orara para pedir su sanidad, sino para que su paso de esta vida a la otra fuera tan rápido y sin dolor como fuera posible. Sabiamente, explicó al joven pastor que si oraba para pedir su sanidad, esa oración no sería contestada, y eso podría desanimar a los jóvenes que los estaban observando. Aquello iba a suscitar preguntas y a debilitar su fe. Le explicó también que, al orar para pedir una muerte tranquila, ellos podrían ver que Dios responde a la oración de acuerdo con sus planes. Después de la oración, el anciano ministro cerró los ojos, respiró profundamente, y pasó de una manera gloriosa a la presencia de Dios. La lección que recibió aquel joven pastor ese día fue increíble. Es una gran lección también para nosotros.

Si usted quiere que David, Juani y los demás que están en el grupo inviten a sus amigos, deje que el Espíritu Santo sea la fuerza que gobierne toda su planificación, preparación, y presentación. Cuando lo haga, Dios cambiará las cosas en la vida de sus alumnos, y los que andan buscando espiritualmente encontrarán en su grupo lo que buscan.

El manejo de su presentación

Una vez trazado su plan, necesita un manejo eficaz del tiempo para asegurarse de que lo va aprovechando tal como lo había calculado. ¿Recuerda los revisores que había en los trenes de antaño? Le echaban una mirada a su reloj, gritaban "¡Pasajeros aborde!", y el tren comenzaba a salir de la estación. ¿Por qué lo hacía? Porque tenía la función de mantener al tren dentro de su horario. Considérese el "revisor" de su clase, vigile el tiempo, y mantenga su desarrollo dentro del plan.

Son incontables las clases donde me he sentado para ver una buena participación llena de vida y la presentación de una información excelente, y escuchar de repente que nos interrumpe la campana del final de clase. El maestro ha mirado a su reloj y ha dicho: "¡Hoy sí que se nos escapó el tiempo! Bueno, no tenemos tiempo para terminar hoy, pero comenzaremos por este punto la semana próxima. Que tengan una semana estupenda". Y después de esto, los miembros de la clase se iban a la actividad siguiente, sin tener tiempo de responder a lo que acababan de aprender.

En realidad, el proceso de planificación es muy sencillo. Uno hace la lista de las cosas que le parece que debe incluir en cada clase. Después toma la cantidad de tiempo que se le ha dado para esa clase, y la divide entre todos los componentes. Por supuesto, algunos segmentos recibirán más tiempo que otros. Trate de dar la mayor cantidad de tiempo al que tenga la prioridad sobre todos los demás.

Cuando esté planificando, recuerde que la mayoría de los segmentos se toman un poco más de tiempo que el designado para ellos. Tenga esto en cuenta, o volverá a lo mismo; no tendrá tiempo suficiente para la respuesta. No olvide destinar un poco de tiempo a la transición entre los segmentos de la lección. Esto es más importante en las clases de gente joven, donde tal vez haya que mover físicamente a los alumnos de un lugar de la habitación a otro.

Para ilustrar lo que estamos diciendo, veamos el aspecto que podría tener un plan de lección típico, y lo que se puede esperar que suceda en cada uno de sus segmentos. Vamos a basar el plan de la lección en un período típico de cincuenta minutos.

Apertura (10 minutos)

Este momento da a la gente el tiempo suficiente para ponerse al día en cuanto a los sucesos de la semana pasada. Los adolescentes pueden hablar de lo sucedido en la escuela, los juegos, las fiestas, y una amplia variedad de otros temas que componen su vida. A los niños les encanta hablar de sus animales domésticos, sus aficiones, lo último en juegos de computadora, y otros temas parecidos. Hasta los adultos se benefician de un momento así. Hablan acerca de las últimas noticias, de sus trabajos, del gran juego que se celebrará, y de sus hijos. Este tiempo tiene también la ventaja de servir para que lleguen los atrasados. Para David, Juani y otros que son nuevos en la clase, es un momento para entablar nuevas amistades. Por supuesto, los refrigerios siempre triunfan en este segmento, cualquiera que sea la edad de los participantes.

El reto que tienen ante sí algunos maestros consiste en hacer una transición entre este tiempo de fraternidad y el de estudio. Usted sabe de lo que hablo: la sala está llena de entusiasmo; todos están disfrutando de la fraternidad y pasándolo bien, y no parecen querer tranquilizarse para estudiar. Cualquier maestro experimentado podría dar ejemplos de las formas en que sus alumnos tratan de extender ese momento de fraternidad. A veces uno siente la tentación de permitir que se extienda, porque ve lo mucho que lo están disfrutando los alumnos. Sin embargo, cada minuto que se pase lo estará tomando a otro segmento tan importante como esos primeros momentos. La clave para manejar con buen éxito este tiempo consiste en explicar con claridad que el siguiente segmento de la clase comenzará inmediatamente después que termine ese tiempo destinado a fraternizar. Cuando se terminen los diez minutos, comience el segmento siguiente. Los alumnos reconocerán lo que usted está haciendo, y responderán positivamente, si usted se mantiene firme.

Para permitir que haya más tiempo de fraternidad sin quitárselo al de enseñanza, hay grupos que comienzan su momento de fraternidad hasta media hora antes del momento en que debe comenzar la clase.

Transición (1 ó 2 minutos)

Cuando llegue el momento de seguir a la siguiente parte de su plan de lección, use la actividad de transición que tenga ya planeada. Una actividad de transición es un vehículo utilizado para pasar de una parte de su lección a otra, sin perder el impulso. Necesitará una transición cada vez que tenga planificado pasar al grupo a un nuevo segmento de la lección.

Use diversas formas de transición. Cada una de ellas debe estar tan cuidadosamente planificada como todos los demás segmentos de la lección. Se puede tratara de una pregunta hábilmente pensada, una actividad de grupo, un llamado a la oración o un canto destinado a cambiar la dirección, y mover a la clase hacia el siguiente aspecto del aprendizaje.

Presentación de la lección (de 12 a 15 minutos)

Ésta es la parte de la lección dedicada al "estudio bíblico". Aquí también es importante que esté pendiente del reloj. Descubrirá que cuanto más preparado esté, tanto más información puede incluir en esta sección. Los maestros que no se han preparado, emplean una enorme cantidad de tiempo divagando sin rumbo sobre el material, y buscando palabras para comunicar lo que quieren enseñar. Usted necesita saber qué debe decir, y decirlo.

Tiempo de aplicación (15 minutos)

En este segmento, necesita tomar las verdades bíblicas que se nos comunicaron hace ya por lo menos dos mil años, con el fin de hacerlas vivas y aplicables para una persona del siglo XXI. Si el maestro no hace un buen trabajo en esta parte, en realidad lo único que habrá hecho es presentar datos históricos. Una buena aplicación es lo que hace que todas las partes de las Escrituras que se estudien sean importantes para sus alumnos cuando al día siguiente regresen a la escuela, al hogar o a la oficina de la corporación.

La aplicación no tiene que estar separada de lo demás, con su propio segmento de tiempo. Hay algunos maestros muy eficaces que presentan de forma simultánea el estudio bíblico y el momento de aplicación. Esto se obtiene por compartir la información sobre una parte determinada del texto bíblico y después hacer la aplicación que corresponda antes de pasar a la parte siguiente. Donde mejor parece funcionar este método, es en las clases llenas de personas que tienen una capacidad de atención muy breve. Si usa este método, necesita seguir adelante; de lo contrario es posible que pase demasiado tiempo en un aspecto, a expensas del resto del material que necesita enseñar para terminar su plan.

Tiempo para responder (10 minutos)

Ahora que ha presentado y aplicado el material de estudio, tiene la responsabilidad de dar al grupo la oportunidad de actuar colectivamente, en grupos más pequeños, o de una manera personal e individual respecto a ese material. El enfoque que utilice dependerá del material que haya presentado.

Debemos hacer la observación de que el ejemplo anterior es sólo una muestra para que usted se pueda guiar por ella. Algunas lecciones le exigirán que ajuste o mueva el tiempo destinado a las diversas secciones. Esto está perfectamente bien, siempre que abarque todos y cada uno de los componentes de la lección todas las semanas.

Un maestro amigo mío me mostró un aparato que realmente ayuda a manejar bien el tiempo. Es un cronómetro de cocina que funciona con baterías. Este cronómetro me ayuda a ver cuánto tiempo de clase queda, sin tener que andar haciendo cálculos. Si usted decide usar uno, asegúrese de que tenga los números grandes, de manera que los pueda ver de inmediato y a distancia.

Las excepciones de la regla

Es importante comprender que habrá momentos en los cuales, por razones legítimas, usted no podrá terminar la lección como la había planificado. Aunque uno quiere hacer cuanto pueda por obtener o alcanzar lo que tiene pensado, hay momentos en que, sencillamente, las cosas no salen como uno las tenía planeadas. Si sucede esto, busque una forma adecuada de terminar la lección y dé tiempo a los alumnos para que respondan a las verdades bíblicas que tuvo tiempo de presentar.

Por bien que planee, se pueden presentar sucesos y situaciones fuera de lo ordinario que exijan que usted eche a un lado toda la clase y se dedique al tema que tiene delante.

Una joven que se dirigía a una clase que yo impartiría un viernes por la noche, se volcó en su vehículo mientras venía. El auto terminó llantas arriba en un arroyo y comenzó a llenarse de agua. Ella pudo deslizarse milagrosamente por una apertura muy pequeña en una de las ventanas, y ponerse a salvo. Tenía un notable testimonio sobre el poder protector de Dios, y una maravillosa historia sobre la milagrosa forma en que había escapado a una muerte segura. Todos la escuchamos con gran atención, y el resto de la clase lo dedicamos al relato que ella estaba compartiendo. Todos nos beneficiamos, en especial la joven, que necesitaba hablar del suceso tan traumático por el que había pasado. La respuesta de todos fue alabar a Dios por la forma en que la había protegido. Tuvimos una clase estupenda, que obtuvo algo que ninguna otra cosa habría podido obtener en aquel momento determinado.

En esos momentos especiales es cuando sabemos sin que nos quepa la menor duda, que el Espíritu Santo invade el aula y todo toma una distinta dirección, pero es lo que debe ser. Nunca permita que aquello que usted quiere decir se sobreponga a lo que el Espíritu quiere realizar en la vida de sus alumnos. Deje que se mueva como Él decida hacerlo.

Una buena regla práctica es que sea firme en su plan, pero nunca rígido en insistir en que son sus propias metas las que se tienen que alcanzar. El maestro eficaz sabe cuándo llevar el movimiento de la clase según sus planes, y cuándo echarse a un lado para dejar que ministre el Espíritu Santo.

Conclusión

Amos R. Well nos da un excelente consejo: "No obstante, en toda esta labor, el método se debe someter estrictamente al Espíritu. Mantenga en su corazón el afán evangelístico, y podrá estar seguro de que lo seguirá la acción evangelística".[2]

La transformación de las vidas debe tener una alta prioridad en la escuela dominical y en todos los demás ministerios de la iglesia. Aprovechemos al máximo esta posibilidad de ayudar a las personas a desarrollarse como seguidoras de Jesús. Que el Espíritu nos ayude a usar la escuela dominical y otros ministerios de pequeños grupos al máximo de su poder o eficacia.

Al fin y al cabo, en su círculo de influencia son muchos los que son como David y Juani y sus amigos, que necesitan al Señor.

Notas

[1] Amos R. Wells, *The Successful Sunday School Superintendent* (Philadelphia: Westminster Press, 1926), p. 80.
[2] Ibid., pp. 84-85.

La selección de métodos eficaces

¿Cuántas veces ha oído decir: "Maestro, usted es la clave para una clase estimulante"? Tal vez ya a estas horas esté cansado de oírlo, pero eso no cambia nada el hecho de que estas palabras son muy ciertas. Usted es realmente la clave.

El maestro que está bien preparado y se siente entusiasmado con el contenido de la lección, puede estar seguro de que impartirá una clase interesante. Sin embargo, las cosas son un poco más profundas que esto. El método, o mejor sería hablar de los métodos, que use el maestro, es lo que hace de puente en el abismo que hay entre el contenido y el alumno. El enfoque de una lección cualquiera no se limita a transmitir información, como una torre transmisora de ondas radiales, sino que es la comunicación de la verdad de una forma tal, que venga a ser parte de la mente, del cuerpo y del espíritu del alumno. En otras palabras, produce los resultados deseados en su vida.

Hay maestros que tienen la errónea idea de que tener una metodología planeada es algo que se opone al principio de tener un don y una unción para enseñar. Yo creo que lo cierto es lo diametralmente opuesto. Cuanto más intervenga el Espíritu en la planeación y la preparación de la clase, tanto más eficaces serán los métodos para satisfacer las necesidades de sus alumnos.

Los métodos de enseñanza son los procesos y enfoques que usa un maestro para presentar la lección dentro de un formato comprensible que se pueda absorber. Muchas veces he preguntado durante las sesiones de entrenamiento de maestros: "¿Cuál es el peor método de enseñanza que se puede usar?" Invariablemente, la primera respuesta es la misma: "Las conferencias". Después sale alguien con uno u otro estilo que no le agrada personalmente. Entonces termino la discusión, diciendo: "El peor método es el que uno usa todo el tiempo".

Lo cierto es que todos tenemos nuestros métodos favoritos, con los que nos sentimos cómodos, y que nos gusta realmente usar, pero el uso del mismo método cada vez que uno enseña se vuelve algo predecible y aburrido. Así que, salga un poco de sí mismo en busca de métodos frescos y eficaces que le lleven un poco de vida al ambiente de su grupo y creen un nuevo nivel de interés.

Mientras busca métodos diversos, tenga presente que cada alumno responde mejor ante unos métodos que ante otros. Recuerde también que la transformación de los alumnos por medio del poder de la Palabra de Dios y del Espíritu Santo es la meta de cada presentación. Los métodos lo ayudan a desempeñar un papel vital en el alcance de este propósito.

Los métodos de enseñanza entre los cuales usted puede escoger, son casi infinitos. Cuando escoja uno, hay ciertas cosas que debe mantener siempre presentes. Uno de los factores es la edad del grupo con el que usted trabaja. A los niños les gustan ejemplos más concretos, y las labores manuales son importantes para ellos. También es importante que esté consciente de la estructura que tiene su tiempo de atención, y trabaje dentro de ella. A los adolescentes les gusta desafiar abiertamente los pensamientos y los conceptos, puesto que se hallan dentro del proceso de establecer su propio conjunto de valores. Son pilotos de prueba espirituales que deben descubrir la validez de lo que se proclama. Los adultos pueden estar hablando de los conceptos durante horas. Tienen una capacidad de atención más amplia, y no necesitan cambiar el rumbo con tanta frecuencia como los alumnos más jóvenes. Por lo general, muchos de ellos se pueden sentar a escuchar una conferencia semana tras semana, y disfrutarla grandemente.

No hay reglas claras para la selección de la metodología; sólo que nunca debe usar un solo método, y que debe moldear los métodos según el grupo con el que trabaja. Veamos unos pocos métodos que han mostrado que funcionan en el ambiente de los pequeños grupos. Es posible que no vea mucho que no haya visto antes, pero nuestro objetivo aquí consiste en mostrarle algunas cosas que pueden hacer que estos métodos sean más eficaces. También hablaremos de algunas cosas que pueden descarrilar sus esfuerzos.

El método de conferencia

A lo largo de los años, el término "conferencia" ha hecho que algunos alumnos rechinen los dientes, y con un buen motivo. No son muchos los maestros que usan el método de conferencia en toda su eficacia. Aunque a muchos les desagraden las conferencias, es posible que sean el método más usado en muchos ambientes, y tiene un gran potencial para comunicar la Palabra de Dios.

Si usted asistió a la escuela pública hace treinta años o más, recordará que la mayoría de sus maestros se ponían de pie en el frente del aula, abrían el libro, y comenzaban a hablar acerca del tema, hasta que por fin sonaba el timbre de salida, que llevaba la clase a un final muy bien recibido. Si tenía suerte, tal vez se escribiera algo en la pizarra de vez en cuando. (Sin embargo, por lo general era el nombre de alguien que había hablado en clase cuando habría debido estar escuchando. O tal vez fuera la siniestra forma en que con una uña el maestro había raspado la pizarra, creando ese horrible chirrido que le ponía la piel de gallina).

Muchos maestros de escuela dominical y de pequeños grupos han adoptado este mismo estilo. Demasiadas veces, a los alumnos se les ordena que se sienten tranquilos y escuchen, mientras el maestro los abruma a ellos y a sus jóvenes mentes con hechos insípidos, datos rancios e información carente de interés. Lamentablemente, este tipo de presentación es el que a lo largo de los años ha hecho que las conferencias hayan adquirido una mala reputación. Sin embargo, en realidad no ha sido el método de conferencia el que ha fallado; el error ha estado más que nada en quienes lo han utilizado. Saber la forma de dar una conferencia es tan importante como saber sobre qué darla.

La edad de sus alumnos es la que determina la forma en que debe usar el método de conferencia. Puede adoptar la forma de una conferencia de un minuto para una clase llena de niños de dos años, una explicación de cinco minutos para adolescentes, o una presentación de veinte minutos para una clase de adultos.

El método de conferencia puede ser una maravillosa herramienta en la enseñanza. La conferencia puede abarcar una amplia gama de materiales dentro de un marco de tiempo breve. También le permite dirigirse a un grupo, cualquiera que sea su tamaño. Imagínese el Sermón del Monte pronunciado por Jesús (Mateo 5 a 7), si hubiera intentado favorecer el diálogo.

Puesto que la conferencia es un monólogo, muy pronto el orador se puede volver realmente aburrido. Las conferencias pueden diluir y disipar la esencia misma de la enseñanza, si no están pensadas para atraer al alumno al proceso de aprendizaje. La conferencia es el método más elocuente del proceso de enseñanza y aprendizaje, pero debe incorporar sentimiento, emoción e interacción para que se produzca un cambio de vida en sus alumnos. El maestro debe tener el cuidado de resistir la tentación de convertir la transmisión de información a la mente en la meta de su enseñanza. La presentación de la información bíblica es el comienzo, pero el verdadero aprendizaje sólo se produce cuando esa información cambia el corazón y el comportamiento de alguien.

Por lo general, el conferencista suele hacer el papel del presentador que va mostrando un material investigado y tal vez totalmente desarrollado por otra persona. Por medio de la conferencia, los estudiantes pueden conseguir una información de calidad que necesitan, y que no podrían conseguir por medio del diálogo entre los compañeros de clase (los cuales no han hecho los estudios que se exigen del conferencista).

El conferenciante gobierna enteramente la presentación. Esto lo capacita para abarcar o comprender el material y mantenerse centrado en él. Aunque esto es bueno, también puede privar al alumno de la oportunidad de hacer preguntas de aclaración, si el conferenciante se entusiasma demasiado con su presentación, o no es sensible ante las necesidades de sus alumnos. Lamentablemente, cuando a los alumnos no se les da la oportunidad de hacer preguntas, lo que el alumno oye, y con lo que se marcha, podría no ser lo que el maestro tenía pensado, y se habría podido formar una impresión errónea. Es esencial que el conferenciante planee que de vez en cuando los alumnos puedan hablar, porque si no lo hace, nunca podrá estar seguro de haber hecho que comprendan la instrucción que les está impartiendo.

Existe un peligro inherente al uso exclusivo de conferencias por parte del maestro, y es que se ahogue la creatividad de los alumnos. Este método de enseñanza limita la participación que de existir ayudaría a los alumnos a aclarar y solidificar el material que han escuchado. Cuando se usa solo, tiene por consecuencia una forma pasiva de aprendizaje. Puede mejorar su conferencia si le añade los siguientes elementos de mejora.

El humor

Cuando usted escucha a un comediante en su rutina de chistes, ¿considera que está escuchando una conferencia? Tal vez no, pero así es. Hay una persona que es la única que habla, mientras todos los demás la escuchan.

¿Puede un maestro de escuela dominical con eficacia también usar las técnicas que usa un comediante? Claro que puede. Veamos lo que hacen los comediantes, y cómo se puede aplicar en los ambientes de aprendizaje, según las edades.

Bob Newhart es un comediante clásico que usa el monólogo cómico para comunicarse con su público. Una de las rutinas famosas de Newhart comprende una conversación telefónica tan realista, que al público le parece que está oyendo a la persona que se encuentra al otro extremo del teléfono, a pesar de que ésta ni siquiera existe. El buen éxito de "las rutinas de Newhart" depende por completo de sus expresiones faciales, las inflexiones de su voz, la oportunidad de sus acciones, y unos guiones escritos con mucha habilidad. Mantiene al público pendiente de cada palabra. Aunque su público y su material sean totalmente distintos, la técnica utilizada por comediantes como Newhart puede convertir la temida conferencia en un maravilloso instrumento de enseñanza.

Las preguntas y respuestas

Busque formas de incorporar a sus alumnos al proceso de la conferencia. Una de las mejores formas de hacerlo es hábilmente introducir preguntas en medio de su conferencia. No deben ser preguntas que exijan un simple "sí" o "no" como respuesta, sino preguntas abiertas, que hagan pensar; que obliguen a sus oyentes a buscarles una respuesta.

No evite las preguntas que sean controversiales. Este tipo de preguntas son las que realmente pueden hacer que las personas participen en el diálogo. Cuando haga esto, asegúrese de que puede mantener bien enfocada y controlada la discusión, de manera que la pueda llevar a una conclusión lógica y bíblica. Nunca permita que esto se convierta en plataforma para las herejías, ni en una oportunidad para que alguien exprese sus "irritantes favoritos".

Puede pedir a los alumnos que respondan en su mente a alguna pregunta en vez de responderla en voz alta. Este método es excelente para hacer que piensen acerca de algunas cosas de las que preferirían no tener que hablar abiertamente.

Cualquiera que sea la forma de pregunta que usted decida usar, estas preguntas deberán estar formuladas y calculadas para atraer a los miembros de la clase a su conferencia. Piense cada una de las preguntas antes de hacerla; asegúrese de que hay un propósito legítimo detrás de todas ellas. Nunca use preguntas como un recurso para llenar el tiempo.

Las conferencias salpicadas de preguntas oportunas funcionan excepcionalmente bien entre los adultos y los jóvenes, pero no rehúse usar también este enfoque en las clases de niños. Cuando se les hacen preguntas abiertas que hagan pensar, los niños pueden salir con algunas respuestas estupendas. Art Linkletter, popular anfitrión de televisión en los años cincuenta, escribió un libro basado en las respuestas espontáneas que le daban los niños durante un segmento de su popular programa. A veces se aprende mucho haciendo preguntas a los niños.

Otra manera de usar con eficacia las preguntas consiste en dar a los alumnos la oportunidad de que sean los que le hagan las preguntas *a usted*. Puede separar un tiempo para preguntas al final de su presentación. Otra opción sería permitirles que hagan preguntas mientras usted habla. Hay quienes prefieren esta última opción, porque les proporciona la oportunidad de aclarar un punto mientras se está presentando, antes de pasar a otro.

Ambos métodos tienen sus pros y sus contras. Todo el que permita preguntas libres tendrá que aprender a controlar a los que hacen esas preguntas. En todas las clases hay alguien a quien le encanta la atención, le gusta que lo vean y lo oigan, o simplemente, le encanta exhibir su inteligencia (o falta de ella). Estas personas pueden causar un impacto negativo en cualquier grupo. Necesitará aprender formas diplomáticas de "cortarlos" sin ofenderlos.

Las hojas de información

Los maestros pueden hacer que las conferencias sean más beneficiosas, distribuyendo hojas para llenar que sigan el bosquejo de la lección. Este enfoque produce dos beneficios positivos. En primer lugar, mantiene al presentador dentro del tema, y avanzando hacia su destino final. En segundo lugar, el oyente se mantiene más sintonizado con las intenciones del maestro.

Algo que se debe recordar acerca de las hojas para rellenar es que no debe haber demasiados espacios en blanco en una sola oración gramatical. Si pone demasiados, verán a sus alumnos luchando por descubrir cuál es la *primera* palabra, mientras usted ya está en la siguiente. Cuando sucede esto, se los pierde por completo. Un espacio en blanco, a lo sumo dos, basta para cada idea que usted quiera resaltar. Este método interactivo ayuda a los oyentes a retener más de lo que usted quiere que aprendan. Los bosquejos deben ser lo suficientemente completos para que se puedan revisar en casa o compartir con otra persona.

Las visuales

La incorporación de visuales mientras usted habla envuelve en el proceso de aprendizaje más de uno de los sentidos corporales de sus alumnos. Ahora el alumno no sólo está escuchando el evangelio, sino que también lo está "viendo".

Las visuales pueden venir en forma de transparencias, diapositivas en PowerPoint, o ser un objeto que usted pueda sostener en su mano para que ellos lo vean. Hasta el franelógrafo funciona aún, si se usa de la manera debida. Los niños necesitan visuales para mantener despierta su atención, pero los adultos que aprenden con la vista pueden recibir de ello casi tanto provecho como los niños.

Cree imágenes mentales para sus alumnos, utilizando unas ilustraciones bien escogidas. Con frecuencia Jesús usaba parábolas para ayudar a sus discípulos y oyentes a captar su mensaje. Los tiempos han cambiado, pero la gente no. La gente sigue disfrutando de las ilustraciones. Una ilustración bien situada produce una clara imagen mental de algo que de otra forma sólo sería un concepto verbal. Es cierto que una imagen vale mil palabras, aunque se trate de una imagen mental.

¿Qué hace que una ilustración sea buena? Por supuesto, hay libros llenos de ellas, portales de la web que permiten hacer una indagación a partir del tema, y servicios de ilustración por suscripción que le llegan continuamente por correo electrónico. Sin duda alguna, hay algunas ilustraciones excelentes en estas fuentes, y en otras. Sin embargo, las mejores ilustraciones son las tomadas de la vida diaria. En ellas participan personas que usted conoce, y que proceden de situaciones de la vida real.

Las ilustraciones basadas en sucesos de su propia vida pueden ser realmente positivas. El hecho de que usted esté dispuesto a compartir tanto sus victorias como sus fracasos proporcionará a sus oyentes un ejemplo tomado de una vida que se halla a su alcance. Los que, como David y Juani, están comenzando o reanudando su desarrollo espiritual, necesitan este tipo de transparencia para que les dé esperanza y aliento.

Una de las cosas que hicieron que Jesús se destacara ante la gente de su tiempo, era su humanidad y accesibilidad. Cualquiera, fuera cual fuere su edad o posición en la comunidad, se le podría acercar en todo momento. Era una persona de aspecto tan común y corriente, y con un comportamiento tan normal, que tuvieron que pagar a uno de sus propios discípulos treinta monedas de plata para que lo identificara dentro de su pequeño grupo. ¿Por qué habríamos nosotros de intentar ser distintos de Él?

La conferencia, debidamente realizada, puede ser una poderosa herramienta de enseñanza para todas las edades. Cuando la use, asegúrese de hacer su presentación de una forma clara y comprensible, usando lenguaje, palabras y expresiones corrientes que todo el mundo pueda comprender y con los que todos se puedan identificar. Cuando hable, use el tono de voz que usaría en una conversación. No hay necesidad de gritar y sacudirse para dar a entender las ideas. Eso distrae excesivamente la atención y es molesto para quienes lo escuchan. Por último, vaya salpicando toda su presentación con una cantidad moderada de humor adecuado y natural. Nada trae mejor de vuelta al tema a las mentes que están desvariando, que una expresión jocosa en el momento oportuno.

El método de discusión

Otra técnica que puede utilizar para hacer divertido el aprendizaje es la de permitir discusión durante la clase. Este método funciona bien en la mayoría de las clases de adultos y adolescentes. También puede ser divertido para alumnos de menos edad, cuya mente usted pueda explorar y hacer que hablen acerca de la forma en que conciben la lección.

La discusión es distinta a la presentación de preguntas durante la conferencia. Estas preguntas están centradas en un tema, y por lo general no hace falta mucho tiempo para contestarlas. Las preguntas de la discusión están pensadas para dar un tiempo en el cual varias personas participen en el diálogo, y pueden llevar a otras preguntas.

Usted puede utilizar dos tipos de preguntas en la discusión. Una de ellas es la pregunta espontánea y sin estructura que hace el alumno, y que es generada por la misma presentación. La otra es una pregunta guiada y estructurada, que es parte del plan de su presentación para un ambiente de clase dado. Ambos tipos de preguntas para la discusión son buenos, pueden generar mucho entusiasmo, y hacer divertido el aprendizaje. Cada uno de ellos tiene sus puntos fuertes, sus vulnerabilidades, y sus problemas en potencia. El maestro que se apoya firmemente en las preguntas de discusión debe estar en capacidad de manejar la dirección que toman las aportaciones de los alumnos; de lo contrario, todo se puede salir de orden con gran rapidez. En una discusión así, el buen líder es el que la mantiene centrada en el tema y la hace volver a ese tema cuando se empieza a desvariar.

Uno de los principales valores del método de discusión consiste en lo útil que es para hacer que sus alumnos participen en el proceso de aprendizaje. Una discusión buena y movida anima a expresarse a todos los alumnos. Los que participan en la discusión en clase reconocen que retienen más cuando se ocupan activamente en hacer su aportación a la discusión, y se sienten más identificados con el grupo.

La discusión en grupo de un asunto dado puede también ayudar a los alumnos a aprender a pensar con detenimiento unas creencias e ideas que han tenido al compararlas con las de la Biblia. La influencia de otros miembros del grupo puede ayudar a corregir los conceptos erróneos o errores doctrinales, en vez de que un maestro tenga que decir: "Usted está equivocado".

Una vez vi pasar esto en una clase. La parte de enseñanza de la sesión duró unos diez minutos, y después el grupo discutió la aplicación de la enseñanza. Una de las alumnas más nuevas decía repetidamente: "Siempre había creído…" Los otros que estaban en la clase la fueron ayudando junto con el maestro por medio de su discusión para que viera dónde había estado desorientada o mal informada. Con el tiempo, esta dama halló una nueva libertad en el Señor, al desechar unas ideas erróneas que la esclavizaban y le hacían sentir una culpa que le estaban robando el gozo.

Las buenas discusiones también ayudan a los alumnos a aprender a pensar por ellos mismos, en vez de apoyarse en lo que otros les dicen que crean. También aprenden que no son los únicos, cuando oyen a otros expresar sus opiniones e ideas. Reconocen que algunas de esas mismas cosas que los han molestado, también han molestado a algunos de sus amigos. Es emocionante ver a los alumnos ayudarse mutuamente a descubrir y hallar verdades de la Palabra de Dios.

Los maestros que favorecen las discusiones pueden ser excepcionalmente beneficiosos para parejas como David y Juani. Lo más probable es que se hayan criado con un fondo religioso distinto, y un conjunto de valores y creencias distintos a los que tienen los demás miembros de la clase. Aunque al principio no participen en las discusiones, el hecho de escuchar a los demás, cuando llegue el momento oportuno los puede ayudar a plantear sus diferencias y las cosas que no han comprendido bien. Otro beneficio que reciben los maestros es que, al escuchar las preguntas y los comentarios de sus alumnos, sabrán más acerca de ellos y de la forma en que los pueden ayudar en su desarrollo en Cristo.

El método de discusión también tiene su desventaja. Hay ciertos peligros de los cuales debe estar consciente el maestro para evitarlos.

El primer y principal peligro del método de discusión es que se use en exceso. Recuerde que el peor método es el que uno usa todo el tiempo. En su clase, no todo el mundo disfrutará de la discusión. Equilibre su enseñanza variando su metodología.

Otra desventaja de la discusión es la gran cantidad de tiempo que consume. Con la tendencia actual a reducir el tiempo de la escuela dominical a cincuenta minutos o menos, esto se convierte en un problema aún mayor. Si todo el mundo participa en la discusión, entonces se abarca muy poco material bíblico concreto.

Otra tendencia negativa que se debe evitar es la de permitir que los miembros del grupo "se vayan por la tangente", llevando al grupo por un camino muy alejado del punto de destino donde el maestro lo quería llevar originalmente. A la mayor parte de la gente le es fácil tomar una parte de lo que alguien ha dicho, y lanzarse por su propia dirección. Esto abre una línea de pensamiento totalmente nueva, a expensas del tema principal de la discusión. En ocasiones, esto podría ser aceptable, si lo dirigiera el Espíritu Santo. Si sucede cada semana, o bien usted habrá pasado por alto la orientación del Espíritu Santo durante el proceso de preparación, o hay unos alumnos que lo quieren sacar del camino, y no es el Espíritu quien los dirige.

Una vez más, el liderazgo del maestro es esencial para que por la discusión el potencial cristalice en concreción. El maestro debe saber cuándo necesita tomar las riendas de la discusión para recuperar el control de la clase.

El maestro puede hacer esto de dos maneras sin ofender a nadie. El primer método consiste en que termine lo que está diciendo alguien que tenga la tendencia de divagar en voz alta. Basta con que le proporcione el último par de palabras; después, siga usted adelante, a partir de ese punto. Y "como por arte de magia", usted volverá a tener el control de la situación. El segundo método es similar, con la excepción de que el maestro repite o resume lo que alguien ha dicho, y sigue él adelante a partir de ese punto. El desarrollo de estas dos habilidades lo ayudará a mantener la clase en movimiento, sin insultar a sus alumnos. Esto es importante. Nada puede reducir más las discusiones futuras ni la participación del grupo, que cuando los alumnos sienten que se les está quitando la palabra, o que su opinión no es valorada.

Me encanta lo que hizo un maestro en una ocasión, en medio de una buena discusión que se estaba descontrolando un poco. Mientras se acercaba a la pizarra, dijo: "Como esta clase es mía, yo voy a decir algo". Fue una forma divertida y eficaz de recuperar el control de la clase.

Con el fin de evitar algunos de estos problemas en potencia, hay clases en las que se establece un conjunto de "normas básicas" para la discusión. A los alumnos se les hace más fácil aceptar estas normas y obedecerlas, si ellos mismos tienen que ver en su redacción. Por ejemplo, hay maestros que usan un cronómetro electrónico y dan a cada persona un límite de tiempo al hablar. Hay quienes tienen una regla según la cual todo el mundo tiene derecho a hablar una vez antes que alguien tenga la oportunidad de hablar de nuevo. Estas cosas parecerán limitaciones, pero en realidad amplían el potencial de la discusión, porque así hay más personas que tienen la oportunidad de participar.

En una de mis clases del colegio universitario, la profesora tenía una forma estupenda de manejar las aportaciones de algunas personas muy bien informadas y con opiniones muy fuertes. Cuando era día de discusión, o de informes verbales, llevaba un cronómetro y un silbato. Si acababa su tiempo, sonaba el silbato y allí terminaba usted de hablar, tanto si había terminado su pensamiento, como si no. Este proceso hacía que los alumnos pensaran bien lo que iban a decir antes de hablar, y se mantuvieran centrados en su idea. No es probable que usted lleve un silbato a su clase, pero sí es importante que sostenga el principio de animar a sus alumnos a permanecer dentro de lo que se está haciendo.

Un tercer aspecto que puede ser motivo de preocupación para los maestros que usan el método de discusión es el alumno tímido o cohibido. Hay gente que disfruta escuchando, pero que no dice gran cosa. El maestro debe ser sensible ante estas personas. Nunca debe señalar a nadie, ni pedirle que hable, si no quiere participar. Sin embargo, al mismo tiempo, hay quienes tienen aportaciones valiosas, pero por la razón que sea, tienen miedo de decir algo. El buen maestro debe saber la forma de hacerlos contribuir, sin dar lugar a una situación incómoda, o sin hacerlos sentirse forzados.

En una de mis clases tuve un joven que era un verdadero pensador. Escuchaba con gran atención a todos los demás, y después tenía una forma realmente excelente de resumir toda la discusión de una forma muy clara y sucinta. ¡Quiera Dios que aumente la tribu de los que son así! Aprenda a observar y respetar las características únicas de cada uno de los miembros de su clase.

La última desventaja que tendremos en cuenta se refiere al tamaño del grupo. La discusión es un buen método para los pequeños grupos, porque en realidad no se puede haber una buena discusión si uno tiene más de quince personas en la clase.

Si usted tiene un grupo grande, y quiere tratar de ser más eficaz con el método de discusión, hay un par de maneras de enfrentarse a este problema. Si tiene espacio suficiente para disponer de varias aulas, puede dividir el grupo general en un conjunto de pequeños grupos. Si hay problemas de espacio, puede poner varias mesas redondas en su aula. En cada mesa ponga un líder de discusión. Haga que los alumnos se sienten todas las semanas en la misma mesa. En cierto sentido, cada mesa se convierte en una clase, y los líderes de mesa se convierten en maestros ayudantes. Haga que el maestro principal presente al grupo entero el material básico de la lección y después, deje que los líderes de grupo faciliten una discusión basada en unas preguntas correspondientes que han sido decididas de antemano. Al hacer esto, puede recibir los beneficios de la discusión sin perder la comunidad que ha sido fomentada en el grupo mayor.

Las buenas preguntas de discusión son formuladas de tal manera que hagan pensar; no sólo que produzcan respuestas con datos. En otras palabras, no es una pregunta para responder "sí" o "no", sino una pregunta sobre el porqué o el cómo.

Uno de mis grupos vio un video en el cual se trataba de la responsabilidad que tenemos de evangelizar y compartir nuestra fe. Todo el mundo aceptó con entusiasmo este concepto, y estuvo de acuerdo sin titubear en que todos los cristianos se deben oocupar continuamente en la labor de evangelismo. No había avanzado mucho la discusión, cuando pregunté: "Muy bien, y ¿cómo podemos compartir nuestra fe de una forma eficaz?" Después de un momento de silencio reflexivo, fue asombrosa la cantidad de cosas que descubrimos por medio de este tema de discusión. En realidad, continuamos esa misma discusión durante cuatro períodos de clase consecutivos. De aquel momento salieron algunas formas concretas en las que una persona podía pasar de la mentalidad del "debería" a la participación real en el esfuerzo por compartir su fe. Aquello terminó convirtiéndose en una transformadora experiencia de aprendizaje.

Con demasiada frecuencia nos limitamos a comunicar lo que la gente debería estar haciendo, y en realidad nunca le enseñamos cómo hacerlo. La discusión es un buen método para explorar su pensamiento y comprender qué es lo que podría estar impidiendo que cumplieran con la voluntad de Dios para su vida. *Sesame Street [Plaza Sésamo],* el popular programa de televisión para niños, tiene una línea de su tema musical en inglés que expresa con claridad lo que está preguntando la mayor parte de la gente. Básicamente, lo que dice es: "¿Me puedes decir cómo llegar donde quiero ir?" Nuestros alumnos cantan una tonada parecida cada semana cuando entran a nuestra clase. En nuestra condición de maestros, tenemos la responsabilidad de ayudarlos a llegar al punto de destino espiritual que anhelan.

Hay un buen método híbrido que puede combinar lo mejor de la conferencia con los métodos de discusión. En realidad, se puede preparar una clase usando tanto las herramientas de enseñanza como las de discusión.

Un grupo al que le estuve dando clases usó este método con buen éxito. He aquí cómo funcionaba. El tema era un estudio de las parábolas. Después de tener un tiempo de fraternidad en el que comíamos y bebíamos algunas cosas, yo les daba una breve sinopsis de la parábola, en la cual incluía los detalles bíblicos y su significado. El resto del tiempo de clase estaba dedicado a la aplicación de esas verdades al día de hoy.

Otro formato de la discusión es el panel. La principal diferencia entre la discusión en panel y el formato de discusión abierta consiste en el hecho de que la mayor parte de la discusión está a cargo del panel frente a los demás alumnos.

Las historias y su atractivo

Tal vez el método más antiguo de enseñanza sea el de contar historias. Mucho antes que el hombre comenzara a registrar los sucesos por escrito, se usaban historias para comunicar aquellas cosas que se necesitaba transmitir de una generación a la siguiente.

Se usaban historias para transmitir ideas y valores culturales. En la antigüedad, se utilizaban para conservar los datos históricos, perpetuar la herencia religiosa, y divertir. En realidad, la Biblia es un registro escrito inspirado de historias que habían sido transmitidas verbalmente hasta que se escribieron en rollos.

Aunque es más corriente usar historias en la iglesia de niños y en las clases de niños de la escuela dominical, los adultos pueden disfrutar de vez en cuando de una historia bien trazada. Si se fija, notará que algunos de los predicadores más destacados en la televisión y los videos son excelentes narradores de historias. Cautivan a sus oyentes con historias humorísticas, tristes o escalofriantes, destinadas a hacerles llegar la idea central del mensaje.

Una semana, caminando por el fondo de la sala de una iglesia de niños, me detuve a escuchar mientras un adulto, que se había vestido como un campesino, con sombrero de paja, pantalones de faena y saco de semillas y todo, les estaba refiriendo la parábola del sembrador. Debo confesar que me sentí tan fascinado por la historia como los propios niños.

¿Qué hace que las historias sean tan eficaces? En primer lugar, están repletas de información presentada de una forma no tradicional que es realmente divertida. Las historias están llenas de vida y acción, y comunican la verdad y los principios morales de una forma que hace divertido el aprendizaje.

En segundo lugar, la historia permite que uno entre en la acción de manera sustituta. Antes de la televisión, la principal forma de diversión en el hogar era la radio. Después que se terminaban las labores del día, que se cenaba y se limpiaba la cocina, toda la familia pasaba a la sala de estar. Allí se reunían todos alrededor de un inmenso gabinete de radio, calentaban los bombillos, sintonizaban su estación favorita, y escuchaban su programa radial preferido.

Todas las noches salían al aire los programas *Gang Busters, The Shadow, Gun Smoke, Amos and Andy, Edgar Bergen and Charlie McCarthy*, y un sinnúmero más. A la radio se la llamaba "el teatro de la mente". Hoy se pueden adquirir cintas grabadas y CDs de muchos de esos programas. Búsquese un par de grabaciones de éstas, y escuche uno o dos episodios. Allí podrá aprender mucho acerca del poder de las narraciones. Los actores leían los guiones en vivo delante del micrófono, y por lo general ante el público que llenaba el estudio. El uso de los efectos de sonido era todo un arte. Se insertaban inteligentemente en el momento adecuado para reforzar la imagen mental que se iba haciendo cada uno de los oyentes. Estos programas tenían una poderosa forma de "meter al oyente dentro de la historia".

Tal vez el ejemplo más convincente del poder que tienen las narraciones fue el que tuvo lugar en la noche del 30 de octubre de 1938. Una serie de problemas técnicos obligó a un amplio auditorio radial a cambiar su sintonía a una red que estaba transmitiendo una dramática lectura del cuento "The War of the Worlds" ["La guerra de los mundos", de H. G. Wells, dirigida por el actor Orson Welles]. Los que sintonizaron el programa después de comenzado, no sabían que sólo se trataba de una presentación dramática. El narrador fue tan convincente, que estalló el pánico en todo el país. Las pizarras telefónicas de los cuerpos de seguridad y de los militares se vieron inundadas de llamadas hechas por personas en estado de pánico, convencidas de que "los marcianos" estaban invadiendo la tierra.

Por último, las historias proporcionan una oportunidad para edificar el carácter y la personalidad de los oyentes. Ilustran la forma en que una actuación correcta puede dar resultados positivos, y de cómo las acciones incorrectas pueden tener efectos negativos. Se pueden enseñar las moralejas y las lecciones de forma más dinámica a través de lo que indica una historia, que por medio de afirmaciones directas.

He aquí algunas ideas útiles para hacer que una historia sea efectiva. Evite leer la historia a sus alumnos. Nada socava más el efecto de la historia que el hecho de que el presentador se mantenga pegado a sus notas y sin hacer contacto visual con sus oyentes. Además, use palabras adecuadas a la edad de sus alumnos. No se deje atrapar en los detalles innecesarios que hacen más lenta la historia. Por último, no sermonee; deje que la historia hable por sí sola. Cuando termine de contarla, la moraleja deberá estar sumamente clara. Sobre todo, conozca bien su material. Estúdielo hasta asimilarlo, de manera que no se limite a recitarlo de memoria. Actúe con animación, y "métase" en el relato.

Hay una serie de variaciones y giros que se pueden dar a los métodos que hemos explicado. Hay actividades como la redacción de informes, los dramas, los proyectos, los debates, y los grupos de comentario, sólo por nombrar unos pocos, que son formas eficaces de comunicar la Palabra de Dios. Para más información sobre estos métodos y otros, busque otro libro de GPH titulado *El dominio de los métodos*.[1]

El uso de la tecnología

Hasta ahora hemos visto estructuras de clase típicas y métodos tradicionales. Estos métodos han soportado la prueba del tiempo y han tenido éxito. No obstante, en los últimos años se han hecho algunos avances notables en la electrónica. Estos avances han producido algunos caminos nuevos que se pueden usar en el proceso de enseñanza. Algunos de los recursos multimedia que están hoy a nuestro alcance les pueden proporcionar una poderosa mejora visual y auditiva a los métodos que ya estamos usando.

Hay personas a las que les ha costado aceptar algunos de los artilugios más recientes, pero estos nuevos dispositivos pueden producir notables beneficios, sobre todo cuando se trata de alcanzar a los que son como David y Juani. La mayoría de la gente que es como ellos se siente en su ambiente (y también sus hijos) cuando se hace una presentación de alta tecnología. En realidad, el hecho de ver que se usan presentaciones multimedia puede hacer que le echen una mirada más seria a su grupo. Los recursos multimedia no son nuevos ni extraños para ellos, porque su generación ha crecido durante la revolución de la alta tecnología.

Las presentaciones multimedia están cambiando rápidamente y drásticamente el rostro de la enseñanza. No hace tanto tiempo, una pizarra, un franelógrafo, y unas cuantas figuras de franela eran todo lo que le hacía falta. Después vinieron las filminas, las diapositivas de 35 mm, las películas de 16 mm, y el proyector de transparencias. Todas estas cosas fueron innovaciones en su día, y añadieron una dimensión y un nivel de entusiasmo nuevo a los esfuerzos del educador.

En los últimos años hemos visto aparecer muchas herramientas nuevas para la enseñanza, que se van haciendo más costeables con cada día que pasa. Hay ya series de enseñanza en video, DVDs, CDs y presentaciones en PowerPoint que están dentro de las posibilidades de la mayoría de las iglesias. Se los puede usar con gran provecho. Tanto los niños como los adultos responden de forma muy positiva a las presentaciones de multimedia.

El problema obvio para la mayoría de las iglesias es el costo del equipo de proyección para cada lugar donde se imparte enseñanza. Muchas iglesias se consideran bendecidas de manera incalculable si tienen una unidad de proyección. Si es este el caso allí donde usted está, ya sabe que la necesidad de compartir esa unidad se puede convertir en un problema. Hace falta una verdadera gimnasia administrativa llena de creatividad para mantener a todo el mundo contento. Por eso tiene vital importancia que todos los maestros trabajen juntos para que haya igualdad entre todas las clases en cuanto al uso del equipo.

Hay algunas alternativas económicamente posibles a esta situación. La mayoría de las computadoras portátiles se conectan con facilidad a los televisores más modernos, por medio de cordones "S" y otros tipos de conexiones. Aunque la calidad no es tan buena como la que se recibe de un proyector dedicado sólo a este trabajo, la calidad de imagen de un televisor es muy buena dentro de un pequeño grupo. Cada día son más baratos los televisores con video incorporado.

No hace falta decir que esto que estamos viendo ahora no es más que el principio de la "ola del futuro", y que todo lo que hará es crecer. Éste es el momento de comenzar a reunir todos los artilugios electrónicos que podamos encontrar y pagar. El gasto habrá valido la pena por los beneficios que nos ofrecerán.

Es posible encontrar series de video para enseñanza y adiestramiento acerca de cualquier tema o asunto que se quiera enseñar o discutir. Con frecuencia se filma en video a los escritores, los oradores públicos y otros educadores durante uno de sus seminarios o de sus presentaciones. Estas presentaciones suelen ir en un paquete con manuales de trabajo, notas, hojas de estudio, y guías del instructor, con el fin de crear una sesión guiada por el video. Los participantes ven el video y llenan los espacios en blanco que tienen los manuales, a medida que avanzan el video. La mayor parte de las presentaciones en video permiten momentos para "hacer una pausa" y comentar lo que el orador ha presentado hasta el momento. Cuando se ha cubierto ese aspecto por completo, se pide que se pase al segmento siguiente y se repita el procedimiento.

En este tipo de ambiente de aprendizaje, el papel del maestro pasa de presentador a facilitador. La que enseña en realidad es la personalidad que aparece en el video o en el DVD. Por supuesto, el facilitador hace comentarios con frecuencia, pero aun así, es el video el que enseña mayormente.

Hay muchos puntos positivos en el uso de este enfoque al enseñar. En primer lugar, nadie puede hablar con mayor eficacia acerca de un tema, que la persona que lo produjo. La mayoría de ellos son presentadores excelentes, y es posible que se los haya entrenado también para hablar en público. También está el poder de la edición y mejora del video para hacer que se vea bien; impecable aun.

Otra ventaja es que los grupos pueden estudiar temas que la

persona promedio no está cualificada para enseñar. Por ejemplo, hay algunos videos excelentes sobre el enriquecimiento del matrimonio, que han sido producidos por consejeros matrimoniales y familiares bien adiestrados y practicantes. A partir de su adiestramiento y su experiencia, pueden tratar algunos temas que son clave para los que asisten a su clase. Así, usted puede estar seguro de que están recibiendo consejos sólidos y sabios cuando usa este método.

Por supuesto, este enfoque también tiene algunas desventajas. La más obvia sería el desarrollo de una dependencia de este método, que crearía maestros perezosos. Es mucho más fácil enseñar una lección en video o DVD, que prepararla toda.

Otra de las desventajas es la ausencia de un maestro con el cual la clase pueda desarrollar una relación. Nada reemplaza a los lazos que se crean entre el maestro y el alumno. Un rostro en la pantalla no puede realizar esa labor. Los alumnos pierden la oportunidad de responder al instructor. No hay oportunidad tampoco para las preguntas. Aunque muchas de estas presentaciones son grabadas ante un público presente, siguen siendo muy estructuradas y controladas para hacer que sean de buen calidad.

Otra cosa que debemos tener en cuenta es la tentación de convertir en héroes o superestrellas a las personalidades de los videos. Por supuesto, se le debe dar el crédito a quien lo merezca, pero todos tenemos los pies de barro, y estamos muy lejos de ser perfectos, cualquiera que sea el aspecto que tengamos en la pantalla. El contacto excesivo con cualquier persona puede causar un impacto negativo en los que la ven. Además, asegúrese de que el material presentado se halla en armonía doctrinal con su persona y con su iglesia.

Hay una interesante variación de este método que se centra en que la clase o, en algunos casos, la iglesia entera, vea una sesión de video para después discutir los puntos, los principios, y la lección que se puede aprender.

Otra variación del plan de estudios basado en videos es el uso de videos breves como parte de su presentación. Un maestro que pude observar, utilizó películas y videos breves para demostrar su idea, o para generar discusiones. Y los usó con gran eficacia.

Si usted decide usar videos, largos o breves, hay varias cosas que en su condición de maestro debe tener en cuanta antes de utilizarlos.

En primer lugar, asegúrese de no estar violando ninguna ley de derechos de autor con el material o la música del tema. Nunca hay razón para violar estas leyes. Cuando compruebe la situación de los derechos de autor, obtenga siempre una información precisa dada por alguien que realmente conozca las cuestiones legales. Las leyes de los derechos de autor cambian con frecuencia. Lo último que querría usted que le sucediera es tener en sus manos un litigio legal porque ha presentado un video que no tenía el debido permiso para presentar.

Asegúrese también de no usar un segmento tomado de una fuente que tenga material inadecuado o dudoso en alguna otra parte del programa. Aunque sólo haga referencia a un pequeño segmento de esa fuente, les está enviando el mensaje, sobre todo a los adolescentes y a los niños, de que el resto del material que hay en esa fuente también es correcto y aceptable.

Conclusión

Sus alumnos tienen una gran variedad de necesidades y aprenden de diversas maneras. Sea creativo con el plan de la lección, de manera que pueda llegar a tantos alumnos como sea posible. No tema probar métodos que le sean "extraños".

No se desaliente si no tiene acceso a todas las nuevas herramientas. Si está dispuesto a usar los viejos métodos de siempre de formas que entusiasman, le prestarán un buen servicio. La clave está en que sea sensible a los que forman su grupo y a sus necesidades. Pida al Espíritu Santo que lo dirija hacia su almacén de ideas creativas. Cuando lo haga, Él no se lo negará.

Notas

[1]D. V. Hurst y Dwayne Turner, *El dominio de los métodos* [Mastering the Methods] (Springfield, Mo.: Gospel Publishing House, 1990).

La formación de conexiones saludables

"Si van mis amigos, yo voy donde sea".
"No hay muchos jovencitos en su iglesia".

Estas citas proceden de un adulto y un preadolescente, y se refieren a una iglesia de la que estaban pensando hacerse miembros. Aunque la diferencia de edades entre los dos sea amplia, están comunicando el mismo mensaje: las relaciones son importantes. Aunque el grado de importancia y de valor varía de una persona a otra, las relaciones son importantes para todos.

Si las relaciones son importantes, entonces vale la pena dedicar algún tiempo a comprenderlas mejor. Todos los maestros y líderes de grupos se benefician grandemente del hecho de tener una idea precisa de lo que constituye una buena relación, y de la forma en que funcionan las relaciones en la vida diaria. El conocimiento de estos dos detalles acerca de las relaciones puede dar a los maestros una valiosa comprensión de por qué ellos son tan importantes en el proceso de discipulado.

Casi todas las definiciones que dan los diccionarios de la palabra "relación" comienzan con la palabra "conexión", o la incluyen. Las relaciones se concretizan cuando la gente establece conexiones. El proceso de establecer esas conexiones comprende un par de aspectos clave que vale la pena observar. En primer lugar, se produce una conexión física o externa. Esta parte del proceso tiene lugar cuando las personas entablan amistad. Comienzan a conocerse mutuamente y desarrollan la capacidad de reconocerse una a otra; después de esto, cuando se encuentran, se sienten bien porque no son simplemente unos extraños más en medio de un mar de desconocidos.

¿Ha asistido alguna vez a una reunión en la que no conocía a nadie? Se siente uno solitario, ¿cierto? Casi es imposible describir la sensación de alivio que lo inunda a uno cuando entra al lugar un rostro conocido, aunque se trate de una persona con la que no tiene gran amistad.

Esto me pasó hace varios años, cuando nos ocupamos en un nuevo aspecto del ministerio.

Durante casi doce años, yo había estado en una pequeña población, y conocía a casi todo el mundo en ella. En mis viajes al centro siempre veía y saludaba a muchas personas que conocía, y cuya cercanía disfrutaba.

Entonces nos mudamos a una ciudad grande, donde conocíamos muy pocas personas. El tamaño de la ciudad era tal, que la posibilidad de encontrarme con alguien conocido, en el mejor de los casos, era remota. Nunca olvidaré una noche que fuimos al supermercado y vi a una amiga nuestra atravesando el estacionamiento frente a mí. Nos detuvimos en el estacionamiento y conversamos por un momento. Sentí que mi vigor se renovaba. Fui a casa y dije a mi esposa: "Oye, me acabo de encontrar a Martha en la tienda". Aquella noche me sentía bien, gracias a aquel breve encuentro.

Los humanos hemos sido creados con un impulso innato a establecer conexiones con los demás. Cuando comienza a surgir y madurar la conexión emocional de una relación, vemos una diferencia obvia. Ahora, cuando hacemos la pregunta "¿qué tal estás?", ya no se trata de una pregunta vacía con la esperanza de que no se tomen el tiempo necesario para responderla. La hacemos con un interés y una preocupación genuinos. Las personas que componen un grupo tienen un interés mutuo real, que se revela de muchas formas dentro de la vida de ese grupo.

Durante algún tiempo yo pude observar una clase dentro de una iglesia grande. Esa clase se había hecho muy eficiente en ayudar a los recién llegados a conectarse con rapidez. En muchos aspectos, se había convertido en una familia. El nivel de cuidado que se proporcionaban mutuamente durante las enfermedades, las pérdidas de trabajo, los reveses económicos, los problemas familiares y otras situaciones semejantes, era reconfortante, por decirlo de alguna forma.

En el grupo había un matrimonio con un hijo especial que necesitaba un cuidado y una supervisión constantes para los cuales hacía falta un adiestramiento especial. Uno de los otros matrimonios supo que una noche por semana, una enfermera llegaba para dar al niño la atención médica que necesitaba. Aquella era la única oportunidad en que los padres podían disfrutar de un poco de tiempo libre. El grupo comenzó a turnarse para que siempre hubiera uno de ellos presente cuando estuviera la enfermera, de manera que los padres pudieran salir a cenar, hacer compras, o simplemente, pasar un poco de tiempo solos. ¿A quién no le agradaría ser parte de un grupo así?

Otra cosa que me impresionaba en este grupo era su capacidad para asimilar con rapidez y retener a las personas que visitaban su clase. Es posible que tuviera el porcentaje más bajo de todos los ministerios de la iglesia en cuanto al número de personas que no podía retener.

¿Sucedió esto por generación espontánea? De ninguna forma. Fue planificado, modelado, y aceptado por todos en el grupo. Los líderes de clase de este grupo lo convirtieron en una prioridad. Realmente, aquel grupo era una clase de escuela dominical muy estimulante.

Comprensión del proceso de conexión

Hemos mencionado ya lo importante que es asimilar lo más pronto posible a David y a Juani en la vida de la iglesia local. Este importante proceso se acelera cuando la clase que usted atiende los ayuda a conectarse.

La mayor parte de la responsabilidad en el proceso de conexión la tiene el grupo, y no la persona a la que se está tratando de atraer. Desde los púlpitos y los estrados he oído decir algo semejante a esto: "Si usted es nuevo en nuestra iglesia, necesita conectarse con uno de nuestros pequeños grupos". Quiero entonces gritar desde mi asiento: "FALSO; es *la iglesia* la que necesita conectarse con *el visitante*".

Por supuesto, siempre hay algunas personas que convierten en un verdadero reto el esfuerzo por conectarlas con las demás. Por diversas razones, son capaz de complicar deliberadamente todo el proceso al hacer difícil el establecimiento de conexiones con ellas. Tal vez hayan sufrido de malas relaciones en algún otro lugar, alguien las haya traicionado, o hayan tenido algún otro tipo de experiencias negativas que las hayan hecho excesivamente cautelosas en cuanto a las nuevas relaciones. Cuando esto sucede, no nos libra de nuestra responsabilidad ni nos proporciona una excusa para no seguir tratando de ayudarlas a hacer la conexión. Al contrario; todo lo que hace es desafiarnos con mayor fuerza para que obtengamos que las cosas funcionen.

Hay personas que se abren con más lentitud que los demás. Tal vez se necesite un poco más de esfuerzo por parte suya. En ambos casos, resista la tentación de darse por vencido demasiado pronto.

Lamentablemente, no hay un método "universal" para conectarse con las personas, que funcione todo el tiempo y con todos. Cada persona que llega a su clase es única, y la conexión con cada cual exige también un enfoque único. Por eso es necesario que la formación de las relaciones, cualquiera que fuere la edad promedio del grupo, sea un proyecto de la clase, y que no se deje en manos de unos pocos. Haga cuanto pueda para que todos comprendan la importancia que tienen las relaciones, y use su individualidad para conectar con algunos con los que otras personas no serían capaz de conectarse. Cueste lo que cueste, y sin que importe el tiempo que haga falta, es sumamente importante que todos queden conectados y entablen unas buenas relaciones.

Por estimulante que sea su clase, o por mucho que se diviertan en una ocasión determinada, las relaciones son el catalizador que une todo. Mientras su clase se mueve en esa dirección con David y Juani, todos los maestros que tengan a uno de sus hijos en clase deben trabajar fuerte en su aspecto también. Recuerde que es un esfuerzo de equipo, y que todos los miembros de la familia necesitan desarrollar sus relaciones. La responsabilidad de que se desarrollen esas relaciones no recae en un solo maestro, sino que todos los maestros tienen el deber de sentar el tono y crear el ambiente en el cual se puedan cultivar las relaciones.

Las relaciones se asemejan mucho a las semillas. A menos que se las siembre en un suelo bien preparado, nunca germinarán. Se mantienen como semillas durante años. Es decir, que toda la estructura de su pequeño grupo se tiene que convertir en "semillero" en el cual puedan florecer unas buenas relaciones. De igual manera, cuanto más atienda usted a las semillas, tanto más responderán y producirán ellas.

Estas relaciones se forman y crecen en todas las edades. Tal vez la palabra "relación" sea un poco complicada para que la comprendan algunos niños, pero ellos saben lo que significa ser amigos, compañeros de juego, o comoquiera que llamen a sus amistades en su edad. Es importante que los jóvenes aprendan a desarrollar las relaciones temprano dentro de su vida social.

¿Se ha hallado alguna vez con un adulto que parece no tener relaciones con nadie? La mayoría de nosotros los hemos hallado, y es algo triste. Si usted habla con esa persona el tiempo suficiente, descubrirá muy pronto que lo más probable es que el problema comenzara cuando era joven. Al llegar a la edad madura, los tales suelen ser personas tristes y solitarias. Esto nos enseña el valor que tiene ayudar aun a los niños más pequeños a cultivar y alimentar relaciones. Todas las clases, cualquiera que sea la edad de sus miembros, son los lugares ideales para esto.

Las relaciones van uno o dos pasos más allá de las amistades.

En otras palabras, uno entabla amistad con todos aquellos con quienes tiene alguna relación, pero no siempre tiene una relación con todos sus amigos.

Supongamos que usted se muda a otra ciudad o población. Si es como yo, durante bastante tiempo después de mudarse echará de menos a todos sus amigos. En su primer viaje de regreso, trata de ver a cuanto amigo pueda. Pero, ¿ha notado que mientras más tiempo está usted ausente de ese lugar, con cada viaje de regreso a él, la lista de los que "debe ver" se va acortando? Al cabo de un tiempo, sólo busca a unos pocos amigos que eran los más íntimos. En realidad, está buscando a aquellos con los que tenía una relación.

Los cristianos comparten una tercera clave para el desarrollo de unas relaciones muy especiales. Es la conexión espiritual. Ésta es la parte de las relaciones que nos convierte en familia. En realidad, no es poco frecuente que estemos más cerca de algunos en nuestra familia cristiana, que de nuestros parientes sanguíneos.

Aquí tiene un buen ejemplo de este tipo de relación. ¿Recuerda el relato bíblico sobre Jonatán y David? La Biblia lo registra en 1 Samuel 20. Es la conmovedora historia de una sana relación entre dos hombres jóvenes. Aunque Saúl, padre de Jonatán, estaba decidido a matar a David, esto no afectó en absoluto a la relación existente entre ambos. Las relaciones genuinas soportan la prueba del tiempo y las peores dificultades. Por eso son vitales para todos.

Las conexiones son importantes

La labor de animar a los miembros de su grupo para que forjen unas relaciones duraderas va mucho más allá de un simple ardid para hacer que David y Juani asistan a su clase y se queden en ella. En realidad, estas relaciones desempeñan un importantísimo papel en su formación y en su desarrollo espiritual.

Las buenas relaciones son muy importantes en nuestro desarrollo, y también en nuestro crecimiento y madurez espirituales. No podemos tener una buena relación con otras personas si no tenemos un sano concepto de nosotros mismos.

¿Ha notado alguna vez cómo las personas que tienen una buena relación no se irritan entre sí con tanta frecuencia como los que sólo tienen una amistad informal? No se exasperan uno a otro con tanta frecuencia. ¿Por qué? Porque las relaciones producen comprensión, aceptación y tolerancia de las diferencias individuales. Los que han desarrollado una buena relación entre ellos se respetan uno a otro aunque haya diferencias.

Cuando observamos el desarrollo personal y espiritual de los doce hombres que Jesús llamó para que estuvieran con Él durante sus tres años de ministerio público en la tierra, vemos lo importantes que son las relaciones. Cuanto más tiempo estuvieron juntos y más cosas experimentaron y observaron, tanto más profundas se fueron haciendo sus relaciones.

Cerca del final de aquellos tres años que pasaron con Cristo, sus ambiciones personales ya no eran tan predominantes como cuando habían comenzado a estar juntos. Se habían comprometido con el cuadro general, en vez de comprometerse cada cual con su propia agenda. El único que falló fue Judas. Lo poco que leemos acerca de él nos podría llevar fácilmente a creer que tenía problemas de relaciones con la gente entre la cual se movía. Tal vez fuera uno de esos que mencionamos antes, y nunca había aprendido lo importante que es saber desarrollar unas relaciones duraderas.

Los elementos de una buena conexión

El principio de muchas buenas relaciones se produce cuando usted hace una conexión entre dos personas de su grupo. Por ejemplo, tal vez le diga a Guillermo: "Ven un momento. Ya conoces a David, pero, ¿sabías que a él le gusta pescar tanto como te gusta a ti?"

Observe lo que sucede cuando uno revela un punto común a dos personas. Al instante encuentran un tema de conversación. Una vez hecho esto, usted se puede marchar, y dejar que esa amistad comience a crecer. Acaba de hacer una conexión que con toda facilidad se puede desarrollar hasta convertirse en una relación creciente. ¿Ve lo fácil que es? Si usted no hace esto, muchas veces la gente andará junta sin hallar nunca esos intereses comunes que son tan importantes para que profundicen su relación.

A lo largo de los años, he observado que la mayoría de la gente de las iglesias son algo así como "extraños íntimos". Esto podrá parecer una contradicción de términos, pero deténgase a pensar en los que asisten a su clase semana tras semana. Los que llevan mucho tiempo juntos, llegan a conocer un montón de cosas unos de otros. Saben cuándo celebran el cumpleaños, el aniversario de bodas, cuáles son los nombres y las edades de sus hijos, cuál es su comida favorita, y toda clase de otros detalles. Sin embargo, esas mismas personas, ¿se conocen realmente entre sí? ¿Conocen cuáles son sus temores? ¿Conocen sus luchas íntimas? ¿Conocen las cicatrices que tienen escondidas en lo más profundo de su ser? Lo más probable es que no, porque somos muy buenos para esconder esas cosas de aquellos mismos con los que deberíamos ser más transparentes. Las buenas relaciones nos llevan más allá de este punto, hasta una situación en la cual nos podemos ayudar efectivamente unos a otros.

Piense de nuevo en David y Juani. Para entonces, la mayor parte de la gente los conoce y ha desarrollado con ellos por lo menos una relación superficial, basada en lo poco que sabe de su vida y carácter. Observe que dije "superficial". Eso no basta, ni con mucho. Las relaciones que usted trata de forjar como líder de la clase tienen que ser mucho más profundas.

Los cimientos sobre los cuales se establecen y edifican todas las relaciones, es el respeto mutuo. Es una calle de dos vías, que exige que ambas partes contribuyan a la relación y reciban de ella. Este respeto mutuo se resalta y caracteriza por la confianza, la sinceridad, la mutua aceptación y, en algunos casos, por la tolerancia.

Las buenas relaciones también se basan en las cosas en común. Esto puede ser consecuencia de alguna experiencia, positiva o negativa. En una iglesia que yo estaba pastoreando, había habido un par de divisiones devastadoras. Había un grupo de miembros que habían ido sorteando juntos todas las dificultades. Esta experiencia los había unido. Su relación estaba basada en la supervivencia.

Hay otros términos utilizados para describir la anatomía de las relaciones: la abnegación, la edificación de los demás, las comunicaciones abiertas, y el trabajo unido con miras a una meta común. La posición socioeconómica tiene poco que ver con las relaciones. En estos últimos años he podido ver algunas combinaciones bastante inesperadas. Cuando las relaciones se desarrollan y crecen, descubrimos que nos amamos y aceptamos mutuamente por ser quienes somos, y no por lo que tengamos o no tengamos. Las buenas relaciones tienen una forma maravillosa de suavizar las diferencias.

Ahora que ya tenemos la imagen de la forma en que funciona internamente una relación, vamos a contemplar su propia clase. Pregúntese si es posible que en ella se forjen relaciones. Si su respuesta es negativa, ¿qué necesita cambiar usted para forjarlas? ¿Está ayudando a las personas a conectarse en algún punto de conocimiento que les sea común? ¿Está creando un ambiente en el cual unos "extraños íntimos" se pueden conectar y comenzar a ser reales entre sí?

Repito que la edad tiene poca importancia. Las clases de gente más joven necesitan aprender temprano en la vida lo importante que es entablar y cultivar relaciones. A su temprana edad, pueden aprender a compartir y a jugar bien con otros niños. Tal vez la razón de que muchos adultos luchen con las relaciones, sea que nadie les mostró la forma de forjarlas cuando eran pequeños. Realmente, usted tiene una gran oportunidad en su condición de maestro.

El establecimiento de conexiones

Las buenas relaciones no se desarrollan de un día para otro; son producto del tiempo. La relación es algo continuo, que se va edificando por medio de los recuerdos y las experiencias. Su desarrollo se centra en los tiempos que las personas pasan juntas, y se escuchan hablar unas a otras.

Si su clase es como son la mayoría, su tiempo es muy limitado. El momento de fraternidad durante la clase es importante, pero también son necesarias las oportunidades de reunirse fuera del aula. Las fiestas de clase y las reuniones sociales tienen un inmenso valor para el desarrollo de las relaciones. Las personas se llegan a conocer mutuamente más en los ambientes informales, que en un ambiente estructurado, como es el aula. Las relaciones se pueden sembrar en el ambiente del aula, pero florecen fuera de ella.

Mi madre era excepcional para las flores. Yo siempre le decía que ella era capaz de hacer crecer una flor en medio del hormigón. En más de una ocasión la vi sacar una planta de su tiesto, y después sacudirle las raíces tan fuerte, que pensaba que seguramente la iba a matar. Entonces, la volvía a sembrar en un tiesto más grande. Al cabo de pocas semanas, la planta estaba más grande, fuerte, y sana que nunca. Había llegado al tamaño máximo que podía alcanzar en su ambiente, y necesitaba un ambiente más amplio para poder crecer.

Mi madre siempre decía: "Si pones una planta en un tiesto por demasiado tiempo, las raíces no pueden desarrollarse, y eso impide que crezca". Creo que eso mismo sucede con las relaciones que usted está tratando de establecer y ver crecer. Las que se limitan sólo al tiempo que tienen reservado semanalmente para estar reunidos, nunca desarrollarán su potencial. Hay que "sacudir las raíces y sembrarlas de nuevo en un tiesto más grande" para verlas florecer.

Busque oportunidades para que sus alumnos hagan cosas juntos fuera del aula. Vayan juntos a un juego de pelota, hagan juntos un viaje para ministrar en alguna parte, divídanse en grupos y salgan una noche a un restaurante. A los grupos más jóvenes, les puede enseñar a ir juntos a un parque un día, o al zoológico, tal vez a un museo, o hacerse cargo de reunir fondos para una obra de caridad. Amplíe su ambiente, ponga junta a la gente, y la verá unirse y crecer.

Una clase de adultos jóvenes de la que estuve encargado, tenía una noche mensual para jugar. Todos traíamos cosas de comer y jugábamos algo que fuera fácil de aprender y que no necesitara demasiada concentración para jugar. El juego estaba diseñado de tal forma que hubiera que hacer pareja con alguien diferente después de cada vuelta. Siempre nos asegurábamos de invitar a los que habían visitado nuestra clase durante el mes. Es asombroso lo mucho que nos llegamos a conocer durante aquellos momentos de diversión.

Lo que hace tan valiosas las actividades en el aula y fuera de ella, es la oportunidad de escuchar a las personas. Escuhando, podemos aprender mucho acerca de nuestros alumnos. La mayoría de las personas revelan mucho acerca de ellas mismas en una conversación informal.

En una ocasión, fui a visitar a alguien que sólo era conocido, pero que no tenía gran interés en visitar. Me obligué a ir, decidido a no pasar un buen tiempo, ni disfrutar de mi breve visita. Usted no creería lo que sucedió. Mi visita a aquel hogar resultó ser una experiencia encantadora. Cuanto más nos conocíamos en aquel tiempo que pasamos juntos, tanto más cerca nos sentíamos el uno del otro. El resultado fue una valoración mutua totalmente nueva. Descubrimos que teníamos en común mucho más de lo que pensábamos.

Muchas veces, nos sentimos con pocos deseos de compartir las heridas y las luchas personales que tenemos en la vida. Nos ponemos una sonrisa en el rostro, respondemos a las preguntas de cortesía acerca de nuestro estado con un "muy bien, gracias", mientras sentimos que nos estamos haciendo pedazos por dentro. ¿Por qué? Porque no sabemos si podemos confiar o no.

A menos que usted desarrolle un código de confidencialidad en su clase, nunca hará que la gente se abra. Una vez que se ha violado la confianza, le será difícil hacer que los demás se abran. La confianza traicionada es lo más difícil de restaurar. Es de máxima importancia que usted, en su condición de maestro, insista en lo importante que es mantener entre las cuatro paredes del aula lo que se haya dicho en ella; de lo contrario, las relaciones pueden quedar destruidas para siempre.

Los jóvenes son especialmente sensibles a estas cuestiones de confidencialidad y de confianza. Si usted es maestro de jóvenes, es probable que ya haya advertido que muchas veces le "disparan" algo con el fin de probarlo, a ver cómo reacciona. Quieren saber si usted es una persona con prejuicios, amiga de criticar, o fácil de escandalizar, antes de decirle algo serio. Sobre todo, quieren ver si se puede tener confianza en usted. Una vez que se gane la confianza de ellos, se abrirán poco a poco, y dejarán que usted vea su mundo.

Muchas veces esto le creará un dilema. ¿Cuándo acude uno a los padres, si ve que se está desarrollando un problema serio o peligroso? Hay algunas cosas que la ley nos exige que informemos, así que en esas cosas no tenemos otra salida. Sin embargo, ¿y las demás? Aunque usted sienta necesario hablar a los padres de su alumno, o a alguna otra persona, primero debe pedir autorización a su alumno. A veces lo mejor es ofrecerse a acompañarlos cuando acudan a la persona adecuada, según lo dicte la situación. Son decisiones difíciles, pero de esta forma es posible desarrollar una buena relación.

Conclusión

Con cada semana que pasa, se va haciendo más evidente: David y Juani se han quedado, y se han integrado al grupo. En algunos proyectos de clase y esfuerzos de ministerio, están tomando posición de líderes. Ya usted los oye hablar de *"nuestra iglesia"*, y no de "su iglesia". Se han identificado, y eso es bueno. Seguramente tendrán que crecer y madurar más, ¿pero acaso no nos pasa eso a todos?

Cuando piense, no sólo en el camino andado por David y Juani, sino en el recorrido por casi todos los que integran su clase, verá un elemento común. El día que entablaron su primera relación real, fue el día en que decidieron quedarse. Entre todos los demás elementos que se necesitan para tener una clase estimulante, no hay ninguno que tenga mayor importancia que el establecimiento de buenas relaciones.

Una ministración de acuerdo con las preocupaciones sociales

Hablemos ahora de David, Juani, y la ley. No; no se han metido en problemas con las autoridades, ni han quebrantado ninguna ley, que nosotros sepamos. Sin embargo, hay ciertas leyes que afectan todos los días de su vida, a veces de forma consciente, y a veces de forma inconsciente. En realidad, esto mismo es cierto en cuanto a todos sus demás alumnos.

¿Qué fuerza tienen esas leyes? Basta que mire al mundo que nos rodea. Todos los días nos encontramos con diversas leyes de la naturaleza y de la física que controlan toda nuestra existencia. Por ejemplo, piense en la ley de gravedad. En términos sencillos, lo que dice es que "todo lo que sube tiene que bajar". Es una ley irrevocable, que no tiene en consideración alguna la raza, el sexo, o la posición social. Todo el que salte de una plataforma aprende que la gente espiritual choca tan duro con el suelo como choca la que no es espiritual.

Cuando era niño, aprendí el poder que tiene esta ley. Como era fanático de Supermán, me fabriqué con una toalla una capa, con una gran "S" y todo. Después, salté del techo de un cuarto para trastos que teníamos en el traspatio, dando "un solo salto". Faltó poco para que me rompiera el cuello. Inmediatamente la gravedad se hizo cargo de la situación, y me hizo volver de golpe a la tierra, después de un vuelo muy corto.

Una de las leyes de la física establece que dos objetos sólidos no pueden ocupar el mismo lugar al mismo tiempo. Esta ley nos ha afectado a todos en un momento u otro. ¿Ha visto alguna vez dos autos, o aun dos personas, tratando de violar esa ley? El espectáculo no es muy hermoso que digamos.

Hay muchas leyes más como éstas, que en realidad operan para nuestro beneficio y nuestro bien. En la vida vamos aprendiendo a no combatirlas, sino a obrar de acuerdo con ellas para derivar de ellas todos sus beneficios. Este enfoque nos capacita para realizar con eficacia y seguridad lo que se necesite hacer, estemos donde estemos, o hagamos lo que hagamos. La violación consciente de las leyes de la naturaleza nos acarrea problemas.

Hay unos principios básicos que gobiernan el desarrollo de una clase divertida y estimulante. Existe un conjunto de leyes especiales y bastante fuertes, que son conocidas como las leyes sociales, o la dinámica social. Cada una de esas leyes ha sido desarrollada y puesta en operación para proteger al grupo y su estructura. Suelen recibir el nombre de "normas de grupo", y representan la forma de conducta normal y aceptable en nuestro grupo. Pasemos un poco de tiempo considerando esas normas, y la forma en que afectan a la clase o al grupo.

¿Qué necesidad tengo de "normas"?

Las "normas" son un conjunto de reglas y disposiciones que establece para su propio desenvolvimiento un grupo, sociedad o cultura. Lo típico es que esas normas sean usadas para enseñarles a las personas cómo *deben* comportarse dentro del grupo, y también cómo no *deben* obrar en el contexto de su ambiente.

Pueden ser muy formales. Cuando lo son, pueden aparecer bajo la forma de un libro de reglas o constitución, o bien estar reflejadas y detalladas en un conjunto de estatutos que el grupo ha adoptado y registrado formalmente. Su consulta, considerándolas como decisiones del grupo, puede resolver las diferencias.

También pueden ser informales. Tal vez no estén escritas en ninguna parte, pero todo el mundo en el grupo está consciente de ellas, y puede ser afectado por ellas. Con frecuencia estas normas informales se convierten en las normas aceptadas de conducta para todos. Por ejemplo, si usted está haciendo fila ante la contadora del supermercado, y la fila es larga, por cansado de esperar que se sienta, usted no toma la decisión de pasar por delante de nadie. Por supuesto, a veces se sentirá tentado de hacerlo, pero espera su turno, igual que los demás. Es una de las normas sociales que hemos establecido y aceptado cumplir.

Lo más frecuente es que las normas se conviertan en nuestra forma de vivir. En realidad, se convierten en una parte tan importante de lo que somos, que es raro que pensemos siquiera en ellas, sino que nos limitamos a seguirlas por hábito. Pregunte a alguien en alguna ocasión por qué se comporta o se viste de una forma determinada. Muchas veces nadie sabe el porqué; sólo saben que siempre lo han hecho así, y que lo seguirán haciendo.

En todo esto hay el peligro de que elevemos alguna de esas normas a la categoría de "sagrada", cuando en realidad sólo son manifestaciones del grupo al que pertenecemos. Las normas son buenas e importantes, pero nunca deben bloquear lo que Dios quiere que haga su clase.

¿Cómo afectan las normas a mi clase?

Su clase, cualquiera que sea la edad promedio, será afectada por normas y esquemas, con la aprobación suya y sin ella. Estas normas son sumamente poderosas; casi tanto como las leyes naturales de las que ya hablamos. Le voy a mostrar lo que quiero decir. Antes de la mayoría de las reuniones sociales, ¿cuántas llamadas se hacen entre sí los miembros de la clase para saber si deben ir vestidos de manera formal o informal? ¿Por qué llaman? Nadie quiere presentarse con un aspecto distinto al resto del grupo.

En cierta ocasión se realizó un experimento para demostrar lo fuerte que es el deseo de adaptarse a los demás. Se invitó a un hombre a una fiesta, y se le dijo que todos asistirían con ropa formal. Todos los otros que asistieron a la fiesta, y que sabían del experimento, se vistieron con ropa informal. Se escondieron cámaras de video por toda la sala para grabar la actuación del pobre hombre a quien se le había hecho la trampa en el experimento. La mirada que tenía en el rostro cuando se abrió la puerta, era de un sobresalto total.

A lo largo de toda la reunión, los videos fueron mostrando cómo gradualmente se fue quitando la chaqueta, después la corbata, remangándose la camisa, y todo lo demás que pudo hacer para parecerse a los demás tanto como le fuera posible. Los humanos tienen una gran necesidad de identificarse con los demás. Hacen prácticamente todo cuanto sea posible con el fin de ajustarse al conjunto de normas del grupo.

Cuando David y Juani comenzaron a asistir a la iglesia, y estaban conociendo varias clases, básicamente lo que exploraban eran las normas sociales que gobernaban a cada grupo. Aunque tal vez no estuvieran conscientes, ésta fue una de las fuerzas que los dirigieron en el proceso de tomar sus decisiones.

Como usted bien sabe, se advierte con facilidad grandes diferencias entre las diversas regiones del país. Sólo hay que viajar del norte al sur para experimentar algunas diferencias culturales de importancia. Sin embargo, no siempre es necesario ir a tales extremos geográficos; tal vez David y Juani sólo tendrán que conducir hasta otra iglesia, sólo una calle o dos más abajo, para hallar lo que están buscando, y que se ajusta más de cerca de las normas que andan buscando. Cada cuerpo local de la iglesia desarrolla a lo largo del tiempo su propio conjunto de normas. En realidad, cada pequeño grupo del cuerpo podría muy bien tener también su propio conjunto de normas. Esas pautas siempre se deben considerar como exclusivas de su lugar, sin confundirlas nunca con una norma o un principio bíblico absoluto.

Las leyes y normas sociales tienen efectos universales por medio de su puesta en práctica y su influencia a nivel local. Por ejemplo, una de las principales leyes sociales dispone que los seres humanos busquen a otros seres humanos. Hasta las personas a las que les agrada estar solas durante un período de tiempo extenso, terminan buscando a otras, aunque sea por un tiempo breve. ¿Recuerda que Dios dijo en el Génesis que no era bueno que el hombre estuviera solo, así que se dedicó a buscarle una "ayuda idónea" (Génesis 2:18, 20-22)?

La serie *Little House on the Prairie* [La casita de la pradera], que tanto tiempo ha estado en la televisión, muestra a la perfección la fuerza impulsora de esta ley social. La aglomeración de gente iba en aumento donde la familia Ingall vivía, así que montaron sus pocas pertenencias en su viejo vagón cubierto, le engancharon los caballos, y salieron rumbo al Oeste. Llegaron a una amplia pradera donde no podían ver ser viviente alguno en ninguna dirección. Allí, Charles y su familia reclamaron satisfechos sus tierras y comenzaron el proceso de establecer su hogar y su granja.

Aunque vivían sin tener ningún vecino cercano, gran parte de su vida se centraba en el pequeño poblado de Walnut Grove. Allí iban para comprar, negociar, enterarse de las últimas noticias, y asistir a la iglesia y a la escuela. En los tiempos de crisis, re reunían allí como una unidad para enfrentarse a la amenaza y apoyarse mutuamente. Dentro de este proceso se fueron desarrollando profundas amistades.

Cuando lo pensamos, reconocemos que no somos muy distintos a la buena gente de Walnut Grove. Basta que miremos alrededor de nosotros. Cada vez son más los vecindarios que tienen muros altos y puertas de entrada con código electrónico para favorecer la vida privada. Disfrutamos de abundantes servicios al auto, donde podemos recoger de todo, desde comida y medicina, hasta la ropa de la lavandería, sin tener que salir del vehículo. Estas cosas han sido pensadas para dar comodidad, pero también permiten una interacción selectiva; es decir, la posibilidad de andar entre la gente cuando así lo queramos. Sin embargo, a la gente le sigue gustando reunirse continuamente. ¡Ésa es la ley!

Exploremos las formas en que se pueden satisfacer las exigencias sociales de los que son como David y Juani entre los que viven en su "pradera".

¿Por qué es importante la interacción?

En su condición de maestro, usted necesita estar consciente de la dinámica social existente entre las personas a las que sirve. Ahora bien, ¿qué es esto de "dinámica social? Se usa la palabra "dinámica" para describir la conducta de un grupo, cualquiera que sea su tamaño. No dicta la *forma* en que se comportan sus miembros, sino que explica *por qué* lo hacen así. Cuando aprenda a reconocer los valores del grupo, le será mucho más fácil retener a los que visiten su clase u otro pequeño grupo. He visto esto una y otra vez. Permítame contarle algo.

¿Recuerda el matrimonio del que le hablé en el primer capítulo, que se mudó a nuestra población? Le voy a dar un poco más de detalles acerca de esta incidencia. Al mismo tiempo que llegaron ellos, llegó también un matrimonio de más edad. El matrimonio más joven era bien experimentado en diversos ministerios. El matrimonio mayor también tenía mucha experiencia.

Ya le he contado todo lo que se hizo para atraer a la iglesia al matrimonio más joven. También se trató de hacer que el matrimonio mayor se sintiera bien recibido. La gran diferencia estuvo en que estos esfuerzos hacia el matrimonio mayor sólo se realizaban durante los momentos en que había cultos. Nadie hacía esfuerzo alguno por acercársles en otros momentos de la semana. Nadie los invitaba a participar en ninguna función fuera de la iglesia.

El resultado fue que pudimos conservar al matrimonio joven, pero el de más edad terminó yéndose a otra iglesia. La razón es muy simple. Nosotros *recibimos* bien al matrimonio de más edad, pero *incluimos* al matrimonio más joven en la vida del grupo. Nada puede reemplazar a la dinámica de inclusión y asimilación.

Cuando lo primero que hacemos es entablar amistad con las personas, eso las hace más receptivas ante nuestro mensaje. Tal vez usted haya pasado por un momento en el que ha tratado de razonar con alguien acerca de un asunto bíblico. Había algo incorrecto que necesitaba corrección. Es probable que su respuesta haya sido:

"Pero, ¿cómo sabe usted que la Biblia está en lo cierto?" Esto es muy típico de la mentalidad postmodernista. Es sumamente difícil soslayar ese obstáculo, pero aquí es donde las relaciones y el hecho de llevar a gente como David y Juani a nuestros grupos sirven para derribar esas barreras. Una vez establecidas las amistades y las relaciones, esas conexiones personales validan nuestro mensaje. Nos dan el derecho de ser escuchados.

Este concepto se originó en el propio Jesús. Él instó a sus seguidores a dejar brillar su luz para que los demás la vieran y alabaran a Dios. Al permitir al grupo que se desempeñe en su propia experiencia, nos ganamos el derecho de que nos escuchen. Quieren saber hasta que punto usted se interesa en ellos, antes de interesarse ellos por lo mucho que usted sabe.

Al tener una buena comprensión de la dinámica del grupo y de la forma en que operan las relaciones interpersonales, estará mejor preparado para reunir a sus miembros de manera que sus esfuerzos rindan al máximo. También aprenderá que cuando esta dinámica es efectiva, en realidad fortalece y mejora el aprendizaje de las verdades y los preceptos de la Biblia. La gente aprende mucho mejor en un sano ambiente de grupo.

Le repito una vez más que nada ofrece un mejor ambiente para el desarrollo espiritual, que la escuela dominical y los ministerios de pequeños grupos en una iglesia. El crecimiento cristiano, la maduración, el evangelismo, y el discipulado dan lo mejor de sí en este tipo de escenario. Basta con mirar a David y Juani. Se han convertido en participantes activos y miembros fijos de su clase, y sus hijos están felices y satisfechos por la forma en que operan los procesos en la vida del grupo.

Así que ahora que conocemos la importancia y el valor de la interacción de los grupos, pasemos un poco de tiempo tratando de entender mejor esta dinámica y lo que usted puede esperar de ella como maestro o líder de grupo. El estudio de la dinámica de grupo podría ocupar por sí solo todo un libro. No obstante, para el propósito que tenemos, que es crear un aula estimulante, sólo veremos algunos de los puntos clave que todo maestro o líder necesita conocer.

¿Qué tipo de interacción debo esperar?

Una de las señales de que hay un grupo saludable en el cual es estimulante, eficaz, y divertido participar, es la interacción existente. En realidad, se puede alegar que el grupo no existe hasta que la interacción comience continuamente a producirse. Por eso es importante que el tiempo que estén juntos esté estructurado de manera que permita esa interacción. Tanto si sirve café y pastas, como si asigna actividades a los que lleguen temprano, asegúrese de separar tiempo suficiente para que el grupo disfrute de fraternidad.

No permita que los límites de tiempo en el período de clase, o el que se reúnan en un lugar pequeño le sirvan de obstáculo a la hora de fraternizar. Comience ese tiempo dedicado a compartir, antes del momento anunciado para iniciar sus clases, de manera que no tenga que limitar el tiempo del estudio bíblico. Una pequeña iglesia resolvió el problema de espacio preparando un lugar donde se iban reuniendo los que llegaban temprano, se sentaban, y conversaban un rato, y después pasaban a sus clases con sus refrescos en la mano. Muy pronto aquel lugar de reunión se comenzó a conocer como "El rincón de las conexiones".

1. La interacción física. Favorezca una interacción física adecuada. Los miembros de los grupos de adultos se pueden estrechar la mano, abrazar, dar palmadas por la espalda y demás. Los juegos de mesa y otras actividades se adecúan a los adolescentes. Los centros de interés y lugares para jugar permiten que los niños realicen esta muy importante interacción física.

2. La interacción verbal. La interacción verbal también es parte del proceso. Todas las edades disfrutan de la interacción verbal y reciben provecho de ella. A los adolescentes les encanta recordar lo sucedido en los deportes en la semana que ha pasado, volver a vivir las funciones de su escuela, y comparar opiniones sobre el último concierto y otras actividades semejantes. A los adultos les fascina hablar de lo que han pescado, de los venados que han cazado, o del baratillo de zapatos que encontraron en una tienda de la localidad. Este tipo de interacción da a sus alumnos la oportunidad de conocerse mutuamente y descubrir cuánto tienen en común. El hecho de tener algo en común hará que los miembros más cautelosos se comiencen a abrir a los demás. Las barreras sociales siempre desaparecen ante las palabras afectuosas.

Una vez, visitó nuestra iglesia un nuevo matrimonio. Me enteré de que el esposo era capataz de construcciones en hormigón. Lo llevé al "rincón de las conexiones" y se lo presenté a otros dos hombres que también trabajaban el hormigón. La interacción verbal comenzó casi de inmediato, centrada en este interés común.

El resultado de la interacción física y verbal es que la persona se siente aceptada e integrada al grupo. Recuerde que la existencia de una sana vida de grupo es vital para el bienestar de su clase.

¿Por qué se comportan así?

La comprensión de la dinámica de grupo le indicará qué tipo de conducta puede esperar de su grupo. Para que el grupo sea sano, es importante que esté consciente de esos rasgos. La cantidad de tiempo que su grupo haya estado unido determinará ciertos esquemas de conducta que son bastante predecibles.

1. El factor familia. Mientras más tiempo lleve unida una clase, más difícil le será abrirse a nuevos miembros. Los grupos que llevan juntos año y medio o más, tienden a "cerrarse" y volverse selectivos respecto a quiénes permitir la entrada a su círculo íntimo. Hay unas formas sutiles, y generalmente imposibles de detectar, en que el grupo se protege a sí mismo.

La mayoría de las clases de escuela dominical que duran tiempo y de los pequeños grupos se convierten en *grupos primarios*. Es típico de un grupo primario que se lo considere como una unidad familiar. Su única razón de ser es el bienestar y la supervivencia de quienes lo componen. El grupo primario tiene una notable forma de mantenerse unido en medio de los tiempos más difíciles. Proporciona un sistema de apoyo a los suyos.

Es importante reconocer los valiosos recursos que proporcionan a los suyos los grupos primarios. Se convierten en la familia sustituta de las personas que viven a muchos kilómetros de distancia de su familia natural. No es raro hallar gente que viva a miles de kilómetros de su familia, y que la vean muy de vez en cuando. Estos grupos proporcionan alternativas funcionales para las tías, los tíos, los primos, los abuelos y demás miembros de la familia extendida que no estén cerca. Los grupos primarios pueden ayudar a sus miembros a superar serios problemas, ofreciendo ayuda emocional, física, espiritual, Y aun económica. Son especialmente importantes durante las fiestas y otros momentos tradicionalmente familiares.

Sin embargo, eso mismo que hace que el grupo primario sea tan fuerte y valioso, puede convertirse en el mayor impedimento de su funcionabilidad. A causa de su naturaleza de familia, es fácil que se vuelva exclusivista. Debemos estar conscientes de esta tendencia, y no tratar de forzar a un grupo a fomentar nuevas relaciones cuando estemos seguros de que sus leyes abortarán ese esfuerzo.

2. El factor tamaño. Es frecuente que el grupo llegue a un tamaño cómodo, generalmente unos veinticinco miembros, y que después se cierre a los "extraños". Tal vez permita que otros "asistan", pero por lo general le será muy difícil aceptarlos plenamente hasta que aparezca un "lugar vacío" porque alguien ha dejado el grupo.

El indicador más claro de que un grupo ha llegado a su punto de saturación, es que se desarrolla en él una actitud de "nosotros y ellos". Los cuentos exclusivos del grupo, la interacción cerrada durante los tiempos de fraternidad, y las reacciones poco amistosas ante los nuevos miembros durante los momentos de discusión en las clases hacen ver a los nuevos miembros que en realidad no se los está aceptando del todo.

El maestro debe trabajar desde el principio para evitar esta experiencia al grupo. Esto exige que recuerde al grupo que siempre hay la posibilidad de que esto suceda. Los maestros deben animar siempre a sus grupos a buscar gente nueva y conectarla, como se hizo con David y Juani, con los que ya son miembros de la clase.

3. El movimiento centrífugo. La solución más segura al problema de la saturación es el establecimiento de nuevos grupos a partir de su propio grupo. La forma más eficaz es crear una especie de movimiento centrífugo, semejante al que utilizan los productores en las series de televisión más populares.

Conforme aumenta la popularidad de una serie de televisión con el tiempo, se añaden al elenco nuevos personajes. Después que los televidentes se familiarizan con esos nuevos personajes, y desarrollan un grupo leal de seguidores, dejan el programa original y comienzan una nueva serie que es suya propia. Hay programas populares que han producido así hasta tres programas nuevos, y más.

Cuando su clase comience a dar síntomas de estarse "encerrando", usted deberá comenzar a planear para crear un nuevo grupo, preparar nuevos líderes, y establecer una fecha de lanzamiento. Busque miembros del grupo que se sientan atraídos hacia el nuevo líder, y cuando llegue el momento, anímelos a pasarse al nuevo grupo, si así lo desean. Al seguir este plan, podrá crear un nuevo grupo, al tiempo que refresca el suyo, debido al cambio que se produce en la dinámica social cuando un segmento de la clase se marcha sin destruir el sentido de unidad en el grupo.

Un valor oculto de este movimiento centrífugo es que produce fluidez. Si usted ha estado alguna vez en corrientes o arroyos, sabe lo importante que es que el agua siga fluyendo en ellos. Una vez que cesa de fluir, se estanca. En la cultura de hoy, las personas no son detalles permanentes. Les gusta el cambio y los nuevos desafíos. Si se las deja en el mismo ambiente durante un período extenso, el resultado puede ser el estancamiento espiritual. El movimiento centrífugo puede proporcionarles una oportunidad de seguir adelante cuando lo necesiten, y con todo, mantenerse conectadas con el grupo original.

¿Qué debo hacer para comenzar un nuevo grupo?

Los grupos nuevos pasan por una etapa de "formación". Éste es el término usado para describir el proceso por el cual las personas resuelven los asuntos y obstáculos que se les presente, para convertirse en un grupo sólido. Este proceso plantea unos cuantos escenarios interesantes cuando se hace evidente que no todos los ocupados en él tienen en mente los mismos propósitos o las mismas ideas para el grupo nuevo. Con frecuencia se levantan tormentas durante el proceso, pero son necesarias para que haya unión entre todos.

El establecimiento de papeles

Una vez que se ha llegado a un acuerdo respecto al propósito o a la meta de su nuevo grupo, los miembros comienzan a distribuirse las tareas y asumir los papeles necesarios para la formación del grupo. Los papeles tienen un lugar significativo en el proceso de formación. La palabra "papel" es un término que se puede usar para describir la conducta de alguien, o las expectativas que los grupos ponen en los que están en posiciones de liderazgo en cuanto a su desempeño. Los sociólogos han tomado prestado del teatro este término. Los papeles se dividen en dos categorías: formal e informal.

Hay papeles formales, como el del maestro o facilitador, los funcionarios de clase, el presidente, y los coordinadores. Quién desempeña esos papeles es algo que se suele decidir por medio de elección o de nombramiento. Estos papeles formales deben estar definidos y explicados en unas descripciones de trabajo escritas. Son los que dan dirección al grupo y le proporcionan liderazgo.

También hay papeles informales que se van asumiendo, y que pueden ser igualmente beneficiosos para el grupo del que usted es maestro, como los papeles formales. Aquéllos van surgiendo a medida que el grupo continúa su proceso de formación. A veces es posible que haya competencia por esos papeles, lo que produce ofensas o celos. Una vez más, no trate de impedir que surjan. Son importantes y vitales para todo el proceso de formación del grupo.

Entre los muchos papeles informales, uno de los más corrientes es el del payaso de la clase, el cual cree que es su obligación mantener riendo a todo mundo. Sacan algo divertido de casi todo. Eso está bien, puesto que una risa a tiempo puede ayudar en muchos momentos y situaciones incómodos. El humor puede descargar el estrés, o relajar una situación tensa (aunque a veces también la pueda suscitar). En el ambiente debido, el humor también tiene grandes facultades para desarmar enojos.

Otro papel informal que se puede desarrollar es el del "controlador". Éste puede, con la idéntica facilidad, mantener al grupo en la senda recta, o descarrilarlo. De alguna forma, siempre se las arreglan para hacer que las cosas funcionen como ellos quieren. Tienen diversos medios para controlar. Una vez más, este papel es necesario, pero es importante canalizarlo en la debida dirección, haciéndolo valioso para el proceso de formación del grupo. En realidad, de no ser por su controlador, algunos grupos nunca alcanzrían su punto de destino.

Otros papeles que podrían manifestarse en su grupo son el del pesimista de la clase, el optimista, el que anima, el que deprime, y la lista sigue. Estos papeles son parte normal de todo grupo, y en realidad, la mayoría de ellos son parte importante de la vida de ese grupo. Pueden hacer que la clase se mantenga estimulante y en un estado de progreso. Como decimos esto, afirmamos que se pueden descontrolar, por lo que se haría necesario enfrentarlos para impedir que desvíen a la clase de los propósitos que se tienen pensados para ella. Cuando se tenga que enfrentar a esta situación, busque la forma de equilibrar la libertad de expresión con la estructura. El desequilibrio en cualquiera de ambos sentidos puede tener efectos negativos. ¿Ha tenido que conducir alguna vez un auto con una de las ruedas desequilibrada? Bastante incómodo, ¿cierto?

La resolución de los conflictos

Más tarde o más temprano en todos los grupos se producen desacuerdos. Es natural que las personas se incomoden unas a otras de vez en cuando. Cuanto más pronto aprenda usted que esto es parte normal de la conducta del grupo, tanto más feliz será. Sabemos lo rápido que los niños se pelean por causa de los juguetes. Los adultos son tan malos como los niños. El problema es que no lo superan con tanta rapidez como éstos. Muchas veces lo que hacen es marcharse del grupo a causa de asuntos inconsecuentes sin resolver.

En vez de volverse loco tratando de impedir que se produzcan conflictos, concéntrese en la forma de hacer que estas incómodas situaciones obren para bien del grupo. Muchas veces los conflictos producen creatividad si se canalizan las energías para alcanzar una resolución que beneficie a todo el grupo.

La Biblia registra varios relatos de conflictos entre los más santos de todos sus personajes. Algunos de esos conflictos eran sobre asuntos insignificantes, mientras que otros se produjeron por cosas esenciales. En el libro de los Hechos se registra un conflicto entre Pablo y Bernabé por causa de Juan Marcos, primo de éste último, porque los había abandonado durante una jornada misionera anterior (Hechos 15:36-41). En cambio fue esencial el conflicto registrado en Gálatas, cuando Pablo se enfrentó a Pedro para echarle en cara la falta de consecuencia que había en su estilo de vida (Gálatas 2:11-13). Estos dos incidentes nos enseñan que un conflicto puede dañar una relación, o resolver un problema espiritual.

Un error común entre maestros y líderes es tratar de hacer el papel de árbitro. Se aferran a la elusiva esperanza de que es posible atenuar la tensión del conflicto hasta que todo el mundo se sienta contento, o al menos, en paz. ¿Sabe una cosa? Eso no sucederá. Es bueno hacer de mediador, y a veces es beneficioso, pero deje a un lado la camiseta de rayas y desista del silbato. Si no lo hace, sólo estará buscándose más problemas sin querer. Hay algo que muy pronto en mi vida aprendí acerca de los perros y los gatos: si están peleando, nunca trate de separarlos. Terminará usted con más arañazos en el cuerpo que si hubiera tratado de atravesar corriendo un rosal.

Entonces, ¿qué hacer cuando surgen los conflictos en nuestros grupos? Buena pregunta. Veamos la forma en que un líder debe *manejar* los conflictos de manera que se puedan resolver ellos mismos.

En primer lugar, usted debe comprender la fuente del conflicto. Una de las formas de considerar los conflictos es pensar que son como una intersección en la cual se encuentran dos objetos en direcciones opuestas. ¿Recuerda el día en que los personajes de ficción conocidos como Robin Hood y el Pequeño Juan se encontraron en medio de un tronco, cruzando un río? El orgullo hizo que los dos rehusaran moverse para dejar pasar al otro. Es un ejemplo perfecto de lo que es un conflicto. Son dos o más personas que se están cerrando mutuamente el paso, y ninguna está dispuesta a echarse a un lado.

Los conflictos se originan de muchas formas y en muchas fuentes. Ninguna edad se halla exenta de ellos. Los niños entran en conflicto por un juguete, o por su asiento favorito. Los adolescentes son movidos por emociones, celos, y territorialismos. Los conflictos de los adultos suelen ser motivados por la mezquindad y la competencia, las ideas divergentes, o las preferencias y diferencias personales.

Hay conflictos que se originan en el temor, la incertidumbre, la falta de seguridad y otros sentimientos movidos por las emociones. La persona que lucha con esta clase de sentimientos por lo general tiene un verdadero problema en cuanto a la confianza, que puede afectar gravemente sus juicios. Con bastante frecuencia esto da a la persona una percepción errónea de las acciones y las palabras de los demás. Hasta un inocente y sencillo acto de bondad puede ser percibido de forma errónea, y cargado de unos motivos ulteriores subyacentes con la intención de dañar a otros. Las personas controladas por la desconfianza reaccionan de forma defensiva para detener en seguida a la otra persona, usando cuanto medio esté a su alcance. Los conflictos, si no se los resuelve de manera adecuada, pueden agrandarse hasta que cada cual tome uno de los partidos, y entonces, usted puede encontrarse en las manos con una guerra civil que puede interrumpir o descarrilar su clase, desviándola de la razón misma de su existencia.

Esto lo podría sorprender, pero en realidad, los conflictos pueden producir un beneficio positivo, si se los encauza adecuadamente.

¿Recuerda el incidente que mencioné antes, sobre el conflicto entre Bernabé y Pablo? Aunque su intercambio de palabras se volvió bastante caldeado en esos momentos, el resultado final fue positivo. En vez de salir un equipo misionero, salieron dos. Más aun, Silas entró en escena, y Pablo fue su mentor, mientras que Juan Marcos, el fracasado, fue renovado en su ministerio.

Una vez descubierta la fuente del conflicto, considérelo como una posibilidad y no como un problema. Es cierto que la vida sería mucho más sencilla si no tuviéramos que resolver conflictos, pero éstos lo que indican es que algo está mal, lo cual permite a usted ocuparse de corregirlo. Una vez hechas las correcciones, el grupo puede seguir adelante con sus actividades.

Estudie todos los conflictos para ver si es posible que todos salgan ganando. Según su raíz, tal vez esto no siempre sea posible; no obstante, siempre debería ser la meta.

Evite responder motivado por sus emociones. Las decisiones emocionales rara vez son buenas. Tanto si la respuesta es de comprensión, de empatía o de ira, es alto el porcentaje de que se produzca una decisión o acción inadecuada. Las acciones y las decisiones basadas en las emociones pueden erosionar grandemente la eficacia del maestro.

El peligro asociado con las reacciones emocionales quedó demostrado un día en un aula de niños. Era uno de esos días en los cuales todos los niños habían comido muchas golosinas. Estaban hiperactivos, por decirlo suavemente. El maestro estaba luchando por mantener su atención y dar la clase. Dos pequeños se dedicaron a tirar de unas tijeras que había sobre la mesa. Aquello fue la última gota que colmó la copa. El maestro tomó del brazo a los dos varoncitos, los regañó, y les arrancó las tijeras de las manos. Esto los asustó, e hizo que los padres de uno de ellos se enojaran grandemente. Los resultados fueron muy negativos.

Los maestros nunca deben tratar de controlar una situación gritando, riñendo, o humillando a los alumnos. Nunca hay razón para ese tipo de conducta por parte de un líder. Cuando usted responde de manera emocional a un conflicto entre dos personas, o entre usted y otra persona, es inevitable que se produzcan reacciones poco saludables. El líder debe adiestrar, disciplinar, y condicionar a las personas para que cuenten hasta diez, o hasta donde necesiten contar, a fin de atemperar sus respuestas emocionales.

Una buena regla práctica que se puede seguir es la de no permitirse nunca el que lo dejen arrastrar como maestro o líder hacia un ambiente emocional para resolver un conflicto. Tal vez necesite pedir una interrupción y posponer el diálogo hasta otra fecha, en la cual todos hayan tenido la oportunidad de calmarse, y puedan prevalecer unas mentes serenas.

Cuando surja un conflicto, no se enfrente al síntoma, sino a la causa. Ahora bien, ¿cómo descubrir la fuente de un conflicto? Con mucho, el mejor método de todos consiste en escuchar. Esto tal vez exija que preguntemos a alguien qué lo está molestando, y lo hagamos de una manera que no se sienta amenazado, en vez de invitarlo abiertamente a abrirse y hablar. Una vez más, esto no puede suceder en un ambiente cargado de emoción, sino en un lugar planificado y relajado, que favorezca el diálogo abierto.

El enfrentamiento a los síntomas y al conflicto no será cosa de un instante. Donde yo vivo, tenemos una hierba mala en el césped. Esa hierba es una planta espesa, como una alfombra, que domina y ahoga la hierba buena que la rodea. También saca unos tallos largos y desagradables con unas vainas de semillas negras. Se puede llegar a apoderar del césped de toda una propiedad. Una vez que se mete en el césped, sirve para recordar a uno a perpetuidad que la tierra se halla aún bajo la maldición causada por la caída de Adán y Eva.

El tratamiento para desarraigar esa hierba mala es difícil. Puesto que es parte de la familia de las herbáceas, cuanto herbicida se use para matarla, también matará la mayor parte de las hierbas que son buenas. El único tratamiento eficaz consiste en llegar hasta las raíces, y sacarlas por completo. Esto mismo sucede con los conflictos que se producen dentro de cualquier grupo, o entre personas. Hay que llegar a la raíz que los causa, arrancarla, y todo habrá terminado.

Debemos recordar que los conflictos son importantes y saludables dentro de un grupo en desarrollo. ¿Recuerda todos esos dolores musculares que usted tenía al principio de su adolescencia? Mis padres siempre los llamaban "los dolores del crecimiento". A pesar de la incomodidad, se suponía que eran señal de que mi desarrollo físico iba por buen camino. Al parecer, lo mismo sucede con el desarrollo de los grupos.

La busca de metas

Una vez que el grupo ha pasado por las primeras etapas de su formación, puede pasar a buscar las metas que todos han aceptado. El alcance de esas metas es la razón misma de la existencia del grupo. Es interesante observar que en el proceso de alcanzar las metas del grupo, se alcanzan al mismo tiempo muchas metas individuales y personales. Cada grupo, cualquiera que sea su edad, debe tener unas metas claras y presentadas de forma sencilla, que todos los miembros de la clase puedan expresar sin tener ni siquiera que pensar en ellas. Cuando suceda esto, usted sabrá que sus alumnos se están moviendo en una misma dirección unificada.

Las metas crecen en número y en complejidad según la edad del grupo. Es posible que los alumnos más jóvenes tengan una meta sencilla, como la de aprender a ser amigos de Dios y de los demás, mientras que los adolescentes y los adultos pueden tener varias, entre ellas la labor con los demás, tanto espiritual, como en algún ministerio de compasión.

Nunca establezca metas en un vacío. Haga que los miembros del grupo participen en el proceso de establecer metas, de manera que después esté trabajando para alcanzar unas metas que son de todo el grupo. La razón de esto es fácil de comprender. La gente colabora según el grado de participación que haya tenido en el proceso de fijarse las metas.

Recuerdo que al principio de mi ministerio en una ocasión me puse de pie delante de mis maestros y proclamé mis metas para nuestra escuela dominical. Nadie estuvo en desacuerdo, pero nadie las aceptó tampoco. Su respuesta sin palabras fue básicamente ésta: "Buenas ideas. Adelante. No queremos estorbarlo". Es emocionante y productivo el que la persona sienta que las metas son algo suyo.

Cerciórese de que las metas establecidas por el grupo hacen crecer a todos, sin ser faltas de realismo. Dirija a su clase en la fijación de metas en cuanto a asistencia, alcance de otras personas, disciplinado o cualquiera de las numerosas metas que puedan establecer. El maestro que es sabio, comprende que a medida que el grupo alcanza sus metas personales y generales, habrá un entusiasmo genuino y perdurable.

Conclusión

Recuerde que la dinámica de grupo es una fuerza poderosa. Luchar contra esas leyes es algo que sólo lleva a la frustración y al desaliento. El trabajo hecho en colaboración con ellas proporciona a los maestros y líderes de grupo una considerable ventaja que los ayuda en el alcance de sus metas. El maestro sabio entiende cómo puede trabajar con estas leyes, usando su fuerza para crear un ambiente estimulante en el aula.

Manténgase centrado

Pasé mis primeros años de vida en un pueblito de Texas. Aquel lugarcito me proporcionó unos grandes recuerdos. El centro del pueblo consistía en varias tiendas, unidas todas en lo que llamaban "frente de tiendas". Había una acera continua que pasaba frente a todos los negocios. En esa acera, espaciados entre sí, había varios viejos bancos de madera. A los hombres les encantaba sentarse en esos bancos y hablar de "cosas de hombres" mientras sus esposas estaban en las tiendas.

De aquellos bancos salían "palabras de sabiduría" en abundancia. La mayor parte de esa sabiduría estaba formada por conocimientos prácticos y sentido común basados en la acumulación de años que habían trabajado en las granjas y en otros tipos de labor manual. En parte, se basaba en cuentos de viejas o en una sabiduría tradicional pasada de generación en generación. Nadie sabía con certeza dónde se originaba la mayor parte, pero sí la creían cierta de todas formas. Gran parte de esa sabiduría estaba compuesta por lecciones aprendidas por la fuerza. Cuando era niño, me encantaba jugar en esa acera, mientras mi madre compraba algunos víveres, y otros "misceláneos", como les llamaban entonces.

Un día, mientras estaba jugando, acerté a escuchar a uno de aquellos filósofos ancianos de campo mientras decía: "Si no vas a ningún lugar en particular, toma cualquier camino". No es un mal consejo para el alma aventurera, o para alguien a quien le agrade explorar caminos remotos. Sin embargo, el que siga ese sabio consejo se puede meter en un verdadero problema si en realidad está tratando de lograr algo, o de llegar a algún lugar concreto. No obstante, es asombroso cuántas clases de escuela dominical, o pequeños grupos, y aun iglesias enteras, operan de acuerdo con esta filosofía.

Establezca el foco de atención

Hay un buen número de autores que han tratado de definir el enfoque evidentemente centrado que tenía la iglesia apostólica en tiempos del Nuevo Testamento. La mayoría de estas definiciones se basan en la descripción de las actividades de la Iglesia que recoge el libro de los Hechos. Mi bosquejo favorito es el que presenta el Dr. Gene Mims en el séptimo capítulo de su libro *The Kingdom-Focused Church* ["La iglesia centrada en el Reino"].[1] Para él, el enfoque central de la iglesia apostólica estaba compuesto de evangelismo, discipulado, fraternidad, ministerio, y adoración.

Aunque el libro de Mims ha sido escrito pensando en la iglesia local en su totalidad, cualquier ministerio de pequeños grupos se beneficiaría si adoptara estos cinco aspectos como enfoque central. Así como toda la iglesia necesita estar centrada, también cada pequeño grupo debe tener su centro propio de atención. Como es natural, la edad de los miembros del grupo determinará hasta qué punto se debe insistir en cada aspecto en particular, y de qué manera; sin embargo, todo grupo pequeño, cualquiera que sea la edad de sus alumnos, puede incorporar en su vida estos cinco enfoques.

¿Por qué nos preocupamos por el enfoque? Un amigo mío que es fotógrafo limpió una de sus cámaras inmediatamente antes de fotografiar una boda. Sin saberlo, cuando volvió a poner en la cámara el mecanismo de enfoque, lo puso al revés. Así, cuando él miraba por el visor para enfocar la cámara, la imagen estaba bien enfocada, pero la fotografía estaba fuera de foco en el plano de la película. Cuando volvieron las impresiones del laboratorio, estaban borrosas y totalmente inservibles. Fue un error costoso para él, y el registro de aquel momento único en la vida había desaparecido para una joven pareja, porque una cámara en perfecto estado había sido mal utilizada.

Si usted y su grupo adoptan los cinco puntos de enfoque que propone Mims, se preocupará por incorporarlos todos al grupo. Pocos podrían sostener que se deba abandonar alguno de los cinco, pero sin una planificación deliberada para introducirlos a la vida del grupo, se pueden volver borrosos, y tener muy poco efecto. Usted, como líder del grupo, es el que tiene la responsabilidad de mantener el mecanismo de enfoque en la dirección correcta, de manera que cada una de esas prioridades se siga manteniendo claramente enfocada.

Cuando presente a su grupo esos cinco puntos de enfoque, notará algo interesante y de importancia. Las personas del grupo mostrarán mayor interés en un aspecto que en otro. Esto sucede porque probablemente estén bien dotadas en ese aspecto determinado. Tome nota sobre quién va respondiendo a los diversos aspectos. Estas personas serán las claves del buen éxito de su ministerio en cada aspecto.

El evangelismo

El evangelismo está muy dentro del corazón de Dios. La redención de quienes no tienen una relación personal con Él es el propósito que lo ha movido en su plan para la humanidad. Nosotros somos sus seguidores, y nos ha reclutado para que nos unamos a Él en la realización de ese propósito. Todo lo que Dios hace en nosotros y por medio de nosotros, tiene en última instancia el propósito de atraer a Él a las almas perdidas.

Es un error limitar el evangelismo al aula. Los miembros de todas las clases deben participar activamente en él todos los días y dondequiera que vayan. Cuando el evangelismo se convierte en un enfoque de su grupo, comenzará a escuchar informes de alumnos que han compartido el amor de Cristo con sus amigos y parientes, y su grupo se comenzará a extender, gracias a sus esfuerzos. El entusiasmo por las personas que entran a una relación personal con Jesús, no se limitará a los ángeles del cielo (Lucas 15:10), sino que también será increíble dentro de su grupo.

El discipulado

Aunque por lo general el discipulado es una de las razones que se señalan de que existan los pequeños grupos en las iglesias, la realidad es que se hace muy poca labor al respecto en la mayoría de esos grupos. Alguien dijo que es probable que el discipulado sea la meta de la que más se habla, pero que menos funciona entre los cristianos. Creo que la mayoría de nosotros tendríamos que estar de acuerdo. Trate de recordar su propio desarrollo espiritual. ¿Lo discipuló un grupo, o la mayor parte de ese desarrollo espiritual se produjo durante sus momentos privados de devoción?

Es divertido ver cómo David y Juani encuentran sus lugares sociales dentro del grupo, pero usted no se puede permitir que ellos lleguen a considerar la aceptación social como su meta definitiva. La Gran Comisión de Jesús nos dice que no sólo debemos llevar a la gente a una relación con Él y con los demás creyentes, sino que también los debemos ayudar en el desarrollo de esas relaciones, de manera que se vayan asemejando cada vez más a Cristo a medida que pasa el tiempo. Ayudar a la gente en su peregrinaje espiritual es la esencia y el corazón del discipulado.

Hay grupos que no se ocupan activamente en el discipulado, a causa de su afinidad natural al estudio de temas del momento que no los desafían a enfrentarse con aspectos que son clave para que progrese el desarrollo espiritual. Muchos de los materiales de estudio populares que usan los pequeños grupos, se concentran más en las teorías y experiencias de los autores, que en el texto de las Escrituras. Aunque estos libros tienen un gran valor, por la inspiración y las ideas que comunican, no son sustituto para un plan de estudios de discipulado sólido y centrado en la Biblia.

Se parece mucho a la alimentación. Por supuesto, las comidas sustanciosas tienen un sabor mucho mejor que los vegetales al vapor, pero sus beneficios son muy inferiores. Actúe como el nutricionista espiritual de los miembros de su pequeño grupo, asegurándose que se les ofrece carne, además de golosinas espirituales.

El verdadero discipulado va mucho más allá de la enseñanza. Aunque ésta es una parte importante, el hecho de ponerla a funcionar es igualmente importante. Jesús fue el modelo de esto para los cristianos de todos los tiempos y de todas las generaciones. Llamó a un grupo diverso de hombres de todas las procedencias, y terminó convirtiéndolos en un dinámico equipo. Durante el corto tiempo que estuvo con ellos, esos hombres se asemejaron tanto a Él, que los pudo dejar en la tierra para que dirigieran su recién fundada Iglesia. Esta notable transformación sistemática se produjo durante cerca de tres años, mientras Él estaba con sus doce apóstoles, antes de enviarlos al ministerio.

Si los esfuerzos de su grupo han sido "a la buena de Dios", o tal vez no han existido durante un tiempo, entonces es probable que usted tenga que comenzar tomando la responsabilidad por uno o dos miembros de la clase. En el proceso de discipularlos, estará infundiendo en su corazón el valor que tiene ese mismo proceso. Entonces, ellos repetirán esto en la vida de otros por decisión propia. Cada vez que este ciclo se repita, usted estará multiplicando sus esfuerzos geométricamente.

El discipulado es un enfoque tan importante para su grupo, que le sería beneficioso hacer que alguien tuviera el puesto de coordinador de discipulado. Si usted es como la mayoría de los maestros o líderes, no le queda tiempo adecuado para poner en práctica el proceso de discipulado en todos sus alumnos, y después monitorear su eficacia. Escoja una persona o pareja de buena calidad para que asuma este papel. Ellos pueden supervisar el proceso, hacer las conexiones necesarias y asegurarse de que se está produciendo un crecimiento espiritual en la vida de los alumnos.

Discipular a las personas es un trabajo duro. Es un proceso que dura toda la vida, y que lleva a los recién convertidos como David y Juani a un peregrinar desde depender por completo de la comunidad, hasta el punto en que se pueden mantener firmes ellos solos y discipular a otros. En este proceso, alguien camina junto a ellos, mientras aprenden en las situaciones de la vida real cómo confiar en Dios, llevar una vida de obediencia a Él, compartir su fe, y ganar a otros.

Veamos algunas formas de comenzar o extender el proceso donde está. Los niños son un buen lugar donde comenzar. Usemos como ejemplo la clase a la que asiste el hijo de cuatro años de David y Juani. El sentido común le dirá que no se puede limitar a presentarse delante de ese grupo de niños y pronunciar un discurso magistral sobre el discipulado. Es un tema demasiado grande; sencillamente, no lo entenderán. Sin embargo, sí puede introducir el concepto de discipulado desde diversas perspectivas. Hasta puede utilizar la palabra "discípulo", tal vez enseñándoles a escribirla y a pronunciarla correctamente. Ahora bien, para que estos pequeños capten la idea, tienen que verla en acción.

Esto se puede hacer de varias formas. Siempre puede usar un relato bíblico para ponerle rostro al concepto. Puede hacer un dramita u otra actividad de aprendizaje. Pero sólo tomará vida de verdad si un entrenador o mentor los guía a lo largo de todo el proceso.

Alguien me dio un buen consejo cuando estaba comenzando a dar clases. Me dijo: "El maestro no debe ir solo a ninguna parte. Tome consigo a un alumno e invierta en su vida durante esos pocos instantes". Si lo piensa, eso es el discipulado en su sentido más real.

Le voy a mostrar cómo funciona esto. Digamos que uno de los miembros de su clase está en su casa, recuperándose de una fractura en una pierna. El maestro, con permiso de David de Juani, recoge al hijo de ellos y dos o tres más, y se los lleva a visitar a su compañero de clase. Mientras van para allá, prepare a los que se ha traído consigo, para lo que están a punto de hacer. Explíqueles todo lo que estará haciendo cuando llegue. Dígales por qué usará principios bíblicos para ayudarlos a comprender. Explíqueles con lujo de detalle cómo ministrará. Una vez allí, guíe y dirija delicadamente durante todo el proceso a los que trajo consigo. Dées la oportunidad de orar a su manera por su compañero.

Antes de llevar a sus alumnoslta a su casa, llévelos a comer algo y a conversar sobre lo que acaban de hacer. Deje que cada uno de ellos exprese sus sentimientos, temores, y observaciones. Puede corregir los errores si es necesario, pero hágalo con delicadeza.

Sé lo que valen esos momentos. Cuando era joven, tenía un pastor a quien le parecía que un día yo estaría en el ministerio, aunque yo mismo me veía jugando béisbol profesional. Tengo unos recuerdos muy claros de los tiempos que él pasaba conmigo. Aun puedo recordar algunas de las palabras que me dijo, y también las cosas que me enseñó con un método informal. Lo divertido es que yo no me daba cuenta entonces de lo que él estaba haciendo. No hay forma de poner un precio a esos momentos de discipulado que pasamos juntos.

Los adolescentes son candidatos de primera para el adiestramiento al discipulado. Como sucede con cualquier otra edad, hace falta tiempo para que esto se desarrolle. Si el proceso comenzó temprano, durante los años de escuela elemental, se convierte en un proceso dedicado a ampliar esos esfuerzos y a proporcionarles unas oportunidades cada vez mayores de ministrar.

Tanto con jóvenes como con adultos trate de evitar en su enseñanza el uso excesivo de expresiones como "debemos", "necesitamos" y "deberíamos". Nos hemos acostumbrado demasiado a estas afirmaciones, y muchas veces sólo producen una sensación de culpa, porque aunque todos estamos de acuerdo con la veracidad y la urgencia del mandato bíblico, muchas veces seguimos adelante con la vida, y hacemos poco acerca de lo que se nos ha enseñado, si es que llegamos a hacer algo. La necesidad de ocuparse o incorporarse se debe enseñar y presentar de tal forma, que se vuelva desafiante y estimulante. El verdadero discipulado muestra a la gente "cómo" hacer lo que sabe que "debería" estar haciendo.

Mantenga los ojos abiertos en busca de los líderes naturales del grupo. En toda clase o grupo de jóvenes hay ciertos miembros que parecen ser los líderes de la partida. Ésos son sus primeros candidatos al discipulado. Derrame su corazón, carga, visión y preocupaciones en esos líderes naturales. Conforme ellos se asemejen a Jesús, sus compañeros verán el cambio que el discipulado ha realizado en ellos, y seguirán de buen grado a su amigo. La presión positiva de los compañeros es nuestra amiga en el proceso del discipulado con adolescentes.

Puesto que a los jóvenes les gusta hacer las cosas juntos, aproveche esta cualidad. Por supuesto que habrá necesidad de tener supervisión de adultos, pero deje que en lo posible intenten solos las cosas. Tal vez lo sorprendan.

La evaluación del esfuerzo es parte del proceso. Jesús envió a sus discípulos por parejas, pero eso no fue todo. Ellos volvieron y le informaron lo que se había obtenido por medio de sus esfuerzos. Él los llamó y se sentó con ellos para hablar de los proyectos de ministerio que acababan de terminar. Así los pudo guiar, corregir, y ayudar por medio de su proceso de evaluación, para que fueran mejores y más eficaces en esfuerzos futuros. (Vea Lucas 10:1-20).

Maestro, he aquí una buena pauta para usted. Dé a los jóvenes la oportunidad de volar, pero proveálos de un lugar blando donde hacer su aterrizaje forzoso, y un amoroso equipo de rescate que los ayude cuando las cosas no vayan bien. Los fallos son parte del aprendizaje. Sólo son fatales cuando permitimos que lo sean. ¿Recuerda los ancianos filósofos de banco de los que hablé al principio de este capítulo? Otro anciano dio un buen consejo que yo acerté a oír: "El buen éxito está en montarte en el caballo una vez más de las que él te tire al suelo".

Los adultos no son muy distintos a los adolescentes; sólo parecen tener más formas de pasar a uno por alto. A veces tienen la sensación de haber llegado a la cumbre, haber cumplido su condena, o sencillamente, están demasiado ocupados en actividades extracurriculares y no disponen de tiempo para la importantísima tarea del discipulado. Sin embargo, una vez que usted los incorpore a él, las recompensas son tan estimulantes, que disfrutarán del proceso del discipulado.

¿Cómo hacer para incorporar a los adultos? En primer lugar, es necesario que ellos estén conscientes de que esta parte de su andar con Cristo no es negociable. Esta verdad puede quedar establecida a partir de las enseñanzas bíblicas acerca del discipulado. Sin embargo, creo que la forma más eficaz es dejar que ellos vean el proceso en acción. Una de las formas más eficaces de captar su interés es hacer que aquellos que estén activamente envueltos en el discipulado compartan de vez en cuando con el grupo lo que están haciendo. Su entusiasmo es contagioso.

Bien, voy a ser sincero. No siempre he estado ocupado en el discipulado personal. Sé que eso es malo, pero usted tiene que saber que tenía una buena razón, o al menos, eso pensaba. Es decir, si tenía que preparar dos sermones para el domingo, una lección de la escuela dominical, y el estudio bíblico del miércoles por la noche, eso habría debido bastar para cumplir con mi obligación como formador de discípulos. Pero un día me di cuenta de que el discípulo no se produce durante la predicación. Por supuesto, allí se refuerza, pero donde mejor se produce es en los pequeños grupos y de persona a persona.

Hace un tiempo esta verdad quedó reforzada para mí, cuando un hombre mucho más joven que yo que pertenece a la iglesia que pastoreo, me llamó una tarde. Me dijo que necesitaba con urgencia hablar conmigo. Durante esos minutos, me habló de una prueba muy difícil por la que estaba pasando. Entonces me dijo: "Necesito cenar con usted una vez por semana hasta que termine esto. ¿Se puede comprometer a hacerlo?"

En aquellos momentos no veía cómo iba a poder hacerlo, pero también veía lo seria que era la necesidad. Acepté reunirme con él. La buena noticia es que salimos de aquella crisis con rapidez, y él terminó triunfante. La noticia mejor es que hemos seguido reuniéndonos todas las semanas. Esa reunión se ha convertido en algo muy significativo para mí. Durante la semana, él se reúne con varios amigos más a los que les está haciendo de mentor y discipulando, mientras que yo lo estoy discipulando a él. ¿Cómo funciona todo esto? En realidad no lo comprendo del todo, pero por supuesto que funciona, y todos nos beneficiamos grandemente de este proceso.

El discipulado es como el evangelismo: es responsabilidad de todos. Claro, hay quienes son espiritualmente bien dotados en ambos aspectos. Sin embargo, aunque no sea un don en sí mismo, tenemos ante Dios la responsabilidad de ocuparnos de alguna manera en ambos procesos.

La fraternidad

La fraternidad es el tercer enfoque del ministerio de base bíblica con un pequeño grupo. Tal como lo indica el modelo que aparece en Hechos 2:42, es un vínculo sobrenatural entre los que comparten la fe en Cristo. La obra redentora de Cristo es la que los acerca a Dios, y también entre sí. La verdadera fraternidad sólo se puede presentar cuando las personas dejan al Espíritu Santo obrar en ellas para producir unos frutos que hagan posibles unas sanas relaciones. Este tipo de fraternidad debe constituir el foco central de todo pequeño grupo, cualquiera que sea la edad de sus miembros.

Una vez que se desarrolle una fraternidad madura en su clase, se sentirá asombrado ante lo que puede suceder. Cesan las disputas. Las personas acuden a apoyarse unas a otras durante los momentos difíciles. El egoísmo es reemplazado por unos actos generosos de amor. Las prioridades de Dios sustituyen a las prioridades de este mundo. El escritor del libro de los hechos lo expresa muy bien: "Tenían en común todas las cosas" (Hechos 2:44). Cuando los que son como David y Juani en su comunidad llegan por vez primera a su grupo, sienten la atmósfera afectuosa de aceptación e interés personal que sólo es posible cuando existe este marco de fraternidad de origen divino.

La calidad en la fraternidad no aparece por accidente. Los líderes deben crear de manera delibera las oportunidades para que los alumnos interactúen, tanto dentro como fuera del aula. El hecho de que usted acepte la responsabilidad de convertirse en el "primer amigo" del grupo ayudará a hacer que este proceso "se mueva". Esté dispuesto a ser modelo de vulnerabilidad. Esta cualidad es esencial para todo el que guíe a los miembros de su grupo hacia una fraternidad saludable.

El ministerio

El cuarto punto focal de un pequeño grupo eficaz es un ministerio activo. Nuestro ministerio es el canal por el cual Jesús puede satisfacer las necesidades de los que nos rodean. En el magistral plan de Dios, éste es el método que Él escogió para producir un impacto en el mundo: gente que ayude a otra gente.

Lamentablemente, en la Iglesia de hoy son muchos los que han perdido esto de vista, y sienten que los pastores y su personal a sueldo son las personas de la iglesia local responsables de la satisfacción de las necesidades de la gente. Esto se refleja en una actitud que sostiene: "Si los líderes no satisfacen mis necesidades, o actúan como yo pienso que deben actuar, hay muchas iglesias más en esta misma calle que estarían contentas de poderme servir a cambio de mis diezmos y ofrendas". Las cosas no deben ser así. Dios tiene en mente algo mucho mayor.

Un entrenador de fútbol dio en el clavo cuando dijo que ese deporte es un juego donde cincuenta hombres que tienen urgente necesidad de descansar, están actuando para cincuenta mil espectadores que tienen urgente necesidad de hacer ejercicio. Esto podría describir a muchos miembros de las escuelas dominicales y de los pequeños grupos de hoy. Cuando uno se envuelve activamente en el ministerio, deja a un lado la actitud de decir "¿y yo qué saco de esto?" para aceptar la de "¿qué debo ser yo en todo esto?"

Una de las metas primarias de todos los grupos debe ser la de que todos los alumnos, jóvenes o mayores, reconozcan que son ministros para alguien en algún lugar. Una forma de realizar esto es desarrollar en su clase un coordinador de ministerios, para asegurarse de que sus alumnos estén descubriendo sus dones y hallando formas de ministrar. Esta persona puede buscar oportunidades de ministrar, y escoger los laumnos que se puedan hacer cargo de esos ministerios. Al principio es posible que las personas se resistan a incorporarse al ministerio, pero una vez que experimenten el gozo que da servir a los demás, esto se convertirá en una parte de su vida que no estarán dispuestas a cambiar por nada.

El ministerio ha sido definido de diversas formas. Hay quienes lo limitan a las actividades asociadas con el papel del pastor. Otros han ampliado la definición para incluir casi todo lo que hace una persona. Jesús nos ayuda a definirlo de una manera correcta. Él dijo que ministerio es todo lo que hacemos para ayudar a otra persona en su nombre (Mateo 25:40). Esta definición presenta dos requisitos para que una actividad pueda ser calificada de ministerio: la motivación deberá ser pura, y la acción deberá estar enfocada en los demás.

Si usted quiere experimentar un nivel sin precedentes de entusiasmo en su clase, haga que los miembros del grupo se oocupen en algún ministerio. Los ministerios de la clase pueden durar una temporada, un tiempo breve, o largo tiempo. La edad promedio de su grupo, su tamaño, y los recursos que estén a su alcance, podrán ayudar a decidir qué es lo mejor en su situación particular. El factor importante es hacer que la gente participe realmente en el ministerio, en vez de limitar esa participación a unas contribuciones monetarias para un proyecto sin rostro que puede convertirse en una salida fácil, destinada a aliviar la conciencia.

Las posibilidades de proyectos para el ministerio en los grupos son ilimitadas. Si decide comenzar un proyecto demasiado grande para su grupo, puede coordinarse con dos o más grupos para abordar el proyecto. Lleve a los padres junto con los hijos, y haga ministerios orientados a las familias. Cuanto más aporten ideas sus alumnos sobre las posibilidades de ministerios, tanto más oportunidades se estarán buscando ellos mismos. Use algunas de las ideas que aparecen a continuación para alimentar con ellas las sesiones de aportación de ideas. Decida lo que decida, haga que se incorporen tantos como sea posible. Esto revolucionará su clase.

Los ministerios de temporada. Las principales fiestas del año son grandes oportunidades para los proyectos de ministerio en el grupo. La naturaleza de una fiesta como la Navidad o Acción de Gracias proporciona en sí misma una sensibilidad especial hacia las necesidades de los demás y una motivación espontánea a hacer algo especial por los que son menos afortunados que uno.

A la clase de familias jóvenes en una iglesia donde yo estuve trabajando le encantaba participar todas las Navidades en el ministerio llamado "Angel Tree" [El árbol del ángel]. Esta organización reúne juguetes por medio de organizaciones de caridad para los hijos de los presos. Los miembros de la clase organizaban una gran fiesta de Navidad con cena para esos niños y las personas que los cuidaban. Se les daban regalos a los niños con los nombres de sus padres en la etiqueta, como si procedieran de ellos. Los niños y las personas que los tenían a su cargo pasaban un momento estupendo, pero los miembros de la clase eran los que en realidad sacaban más de este desprendido acto de amor.

Otro grupo de damas de la iglesia hacía un viaje a una prisión de mujeres todos los años alrededor de la época navideña. Se les permitía ir a varios dormitorios para llevar de regalo artículos personales a cada una de las reclusas. La visita terminaba con un culto de tarde en la capilla. Las cartas de agradecimiento que les enviaban las reclusas mostraban una y otra vez lo eficaz que era su ministerio. También aquí, las damas que ministraban eran las más bendecidas.

Otros grupos usan los días de fiesta como motivación para repartir cenas y ropa a las personas sin techo, para renovar las existencias de las cocinas para los pobres, y aun para invitar a sus hogares a personas necesitadas.

Un domingo, inmediatamente antes de Navidad, el maestro de la clase a la que asistíamos nos hizo oír una grabación. Era una cinta en la que alguien estaba leyendo una historia real escrita por la esposa de un pastor precursor que estaba pasando grandes apuros. En la Nochebuena estaban sentados los dos en el suelo ese año y frente a su árbol de Navidad. Estaban envolviendo los pocos regalos sencillos que podrían dar a sus hijos para Navidad. Había sido un año muy duro, y tenían poco dinero para regalos.

La quietud de la noche se vio interrumpida por alguien que tocaba a su puerta. El relato dice después que abrieron la puerta y no vieron a nadie, pero hallaron una caja. Entraron la caja a su casa y, como ya usted habrá adivinado, estaba llena de ropa, juguetes y toda clase de golosinas. Por supuesto, como le estará pasando a usted ahora, yo ya sabía cuál era el final del relato desde que comenzamos a escuchar la grabación.

Lo que sucedió cuando terminó aquella cinta me tomó totalmente fuera de guardia y me enseñó una valiosa lección. Mi amigo maestro paró la cinta, estuvo un momento en silencio, y dijo lloroso: "Me gustaría haber sido yo quien les envió esa caja".

Use estas ideas y otras para ocupar a su grupo en actos de compasión durante las fiestas navideñas.

Los ministerios a largo plazo. En otros momentos del año los grupos de hombres pueden usar diversos intereses masculinos para llegar hasta los que no asisten a la iglesia. Entre las actividades corrientes en esos ministerios se incluyen los torneos deportivos, las pesquerías, las acampadas, y las expediciones de caza. Una clase organizó un torneo deportivo, y la entrada que se cobraba era que la persona trajera con ella a otra persona que no asistiera a la iglesia, para que participara en el torneo.

No olvidemos a las damas. Una dama llevó a su grupo de mujeres a uno de los hospitales de caridad locales para recorrerlo con ellas. Durante su recorrido, se dieron cuenta de cuántos eran los bebés que nacían de madres muy jóvenes, y frecuentemente solteras, que se iban para su casa sin tener absolutamente nada. Una vez que quitaban al bebé la bata del hospital, no tenía ropa alguna que usar para irse a su casa. Las damas se sintieron conmovidas ante esta situación y comenzaron un ministerio en el que hacían unas bolsas que llegaron a recibir el nombre de "bolsas de salida". En cada bolsa había ropas de bebé, una manta, un par de juguetes y un surtido de lociones, talcos y otros artículos de tocador personales para el recién nacido. En este bello paquetito también se incluía una Biblia. Aquí en la tierra, nadie sabrá jamás cuántas vidas han sido tocadas y transformadas por este ministerio a largo plazo.

El ministerio es un método para hacer evangelismo, pero no lo sustituye. Lo posibilita. Una vez que su grupo se encuentre ocupado en el ministerio, comenzará a ver que las paredes que separan al mundo de la iglesia comienzan a desaparecer. Al ir al encuentro de los demás, nos estamos ganando el derecho a ser oídos.

Siempre habrá gente que se aprovechará del que la ministra, y de sus sinceros intentos por ayudarla. Su grupo necesita estar consciente de esto ya desde que comience el proyecto. Esas personas conocen al dedillo la forma de aprovecharse del sistema, y lo hacen muy bien. Este hecho no debe impedir que usted incorpore a su clase en el ministerio. Si realmente está tratando de alcanzar a otros, y haciendo la obra del ministerio como para el Señor, sus esfuerzos serán recompensados, cualesquiera que sean las motivaciones de quienes reciben los beneficios de esos esfuerzos.

El hecho de que usted guíe a su grupo a diversas formas de ministerio hará de su aula un lugar estimulante. Cambiará por completo la perspectiva de cada miembro. Si sólo hablan acerca de los proyectos de misiones, aunque lleguen aun a dar dinero para los misioneros, los resultados nunca serán los mismos que si sus alumnos se oocupan de forma activa y personal en un proyecto de misiones. Muchas veces, Dios ha usado esas oportunidades de realizar labor misionera patrocinadas por las clases con el fin de llamar a las personas a una entrega a largo plazo de su tiempo y recursos para satisfacer esa necesidad particular del ministerio.

Una vez que usted haya incorporado a su grupo en el ministerio, comenzará a ver cambios en la manera personal de enfocar la vida que tendrán sus alumnos. Gradualmente, las conversaciones que se producen durante el momento de fraternidad pasarán de las puntuaciones de los juegos y el róbalo de tres kilos que usted pescó el día anterior, a lo que Dios hizo durante uno de sus esfuerzos en el ministerio.

La adoración

El quinto y último punto focal de una clase estimulante es la adoración. La primera reacción de su grupo podría muy bien ser la de "¡bah, no tenemos ganas de cantar durante la clase de la escuela dominical!" A diferencia de lo que se suele pensar hoy, la adoración va mucho más allá de los cantos. La mejor manera de definirla es decir que es una serie de actos que puede hacer una persona o un creyente para honrar a Dios. La adoración se convierte en una forma en que los creyentes experimentan la presencia de Dios de una forma significativa, y ésta tiene un efecto transformador en su vida.

Con esta definición en mente, ¿cómo puede un grupo adorar a Dios de una forma que sea agradable a Él? Por supuesto, todo lo que hemos presentado en este capítulo podría ser calificado de adoración a Dios. Además, el hecho de enseñar, los momentos de oración, y la interacción del grupo califican todos como adoración, siempre que satisfagan las necesidades espirituales de aquellos que participan en ellos, para la gloria de Dios.

Un maestro amigo mío me dijo en una ocasión que la verdadera adoración sólo se produce cuando "nos centramos en la naturaleza de Dios". Dijo también que es fácil sustituir esto por la actividad, y llamarla "adoración". Mis observaciones a lo largo de estos últimos años me han demostrado la realidad de esas palabras. Podemos llegar a estar tan ocupados haciendo cosas buenas, que completamente saquemos a Dios del cuadro.

La presencia de Dios habita donde las personas lo están adorando. Esa presencia tiene un profundo efecto en los que la experimentan. No siempre se manifestará en escalofríos y estremecimientos de emoción. Los que se hallan en la presencia divina pueden experimentar una paz y una satisfacción muy superiores a cuanto hayan experimentado en lo natural. La presencia de Dios atrae y retiene a matrimonios como David y

Juani. La gente quiere experimentar a Dios de una forma real que le transforme la vida.

De alguna forma, el mundo de la iglesia ha adquirido la falsa noción de que podríamos estar espantando a la gente nueva si nos dedicáramos a una adoración genuina. Nada podría estar más lejos de la verdad. La gente que en verdaderamente tiene hambre y busca a Dios se siente atraída por su presencia. Haga de su clase un lugar donde las personas pueden tener un encuentro con la presencia de Dios.

Yo pude experimentar esto por mí mismo. Crecí en una iglesia que era muy formal. Era una buena iglesia, donde había algunas personas maravillosas, pero no alcanzaba a tener una adoración genuina. Pasábamos por una gran cantidad de formalidades y observancias, pero eso era todo. Muchas veces, yo salía de la iglesia anhelando algo más.

Nunca olvidaré el día en que entré en una iglesia que sabía adorar a Dios en espíritu y en verdad. ¡Qué experiencia tan maravillosa! Era algo muy distinto a aquello a lo que estaba acostumbrado. Aun antes que el servicio comenzara, la gente estaba conversando, riendo, y hasta había algunos chiquillos corriendo dentro de la iglesia. Cuando llegó el momento, comenzó la música y aquella gente empezó a cantar. Estaban cantando acerca de ir al cielo. Yo nunca había oído nada parecido.

¿Me sentía cómodo? No. ¿Comprendía lo que estaba sucediendo? Absolutamente, no. En realidad, por un momento me pregunté si podría hallar alguna puerta lateral en algún lado. Hasta llegué a pensar que podrían ser peligrosos. Sin embargo, ¿sabe una cosa? Sentí algo que nunca había sentido en toda mi vida. Por vez primera, sentí la presencia de Dios por medio de la Persona del Espíritu Santo.

Usted puede llegar a suprimir la presencia de Dios en su clase por miedo a ofender a alguien. Si lo hace, esto hará daño a su grupo, y también a aquellos que podrían estar probándolo. La gente anda en busca de la vida y el estímulo que proceden de la adoración a Dios; hasta la mujer que se le aproximó a Jesús en el pozo quería saber la verdad acerca de la adoración (Juan 4). Veinte siglos no han disminuido en nada ese anhelo. En realidad, hoy parece ir en aumento.

El Espíritu Santo nunca le creará una situación vergonzosa a su clase, ni a ningún otro grupo de su iglesia. Tal vez los sorprenda de vez en cuando, pero su presencia es la que lo transformará todo. En un instante, hará lo que usted nunca habría podido hacer en toda una vida. Permita que se adore en su clase con cualquier estilo o formato que sea legítimo, cualquiera que sea la edad promedio de sus alumnos.

Recuerde que es el Espíritu Santo quien nos dirige a la verdadera adoración a Dios. Su propósito es capacitar a todos los miembros de su clase para que experimenten una relación profunda y abundante con Dios y con su Hijo Jesucristo. ¿Siente cómo va en aumento el entusiasmo?[2]

Las consecuencias de mantenerse centrado

Muy bien. Una vez establecidos nuestros puntos focales, ¿qué podemos esperar que suceda en clase? "¿Voy a ver aumentar la asistencia a mi clase en proporción geométrica de un día para otro?", quizá pregunte usted. Tal vez sí, y tal vez no. Sin embargo, ¿es ése el resultado que usted debería estar buscando? Lo que verá serán vidas transformadas por la presencia de Dios a través de la persona y la obra del Espíritu Santo. Al fin y al cabo, esta debe ser la meta de todas las clases y todos los grupos. Verá gente centrada en el ministerio del Reino, en vez de centrarse en buscar que la entretengan. También verá cómo disminuyen los conflictos y las diferencias personales a medida que se acercan a Dios.

Cuando un grupo está debidamente enfocado, el resultado es una dinámica que supera una gran cantidad de diferencias que en lo natural nosotros no podríamos superar. Le daré un ejemplo sobre una muy importante. Si usted es como la mayoría de los maestros, su aula no es el lugar ideal. Tal vez se vea obligado a compartirla con otro grupo o grupos que se reúnen allí en otros momentos. Es probable que tampoco tenga lo último en equipos electrónicos.

Usted estaría dispuesto a vender su cotorra favorita para conseguir uno de esos proyectores compactos de video. La lista de cosas es infinita. Para complicarlo todo, es posible que haya una iglesia en la misma calle donde está la suya, que tiene aulas nuevas, lo último en equipo, y todo el espacio que sea necesario.

Usted puede mirar lo que no tiene, y desalentarse grandemente. Sin embargo, permítame decirle con toda seguridad, que cuando su grupo entra en la perspectiva correcta y se centra en las cosas que debe, esos accesorios no importan. Hay quienes siempre irán en busca de lo más nuevo, más grande y mejor. Pero los que buscan con sinceridad, los que son como David y Juani en este mundo, van a un grupo o clase donde hay verdadera comunidad y donde Dios está obrando activamente en la vida de los asistentes.

El hecho de mantenerse centrados tendrá por consecuencia una transformación espiritual que sólo Dios puede producir por medio de su Palabra y de su Espíritu. Es un entusiasmo duradero el que se crea cuando usted comienza a ver que los niños crecen y aprenden a adorar a Dios, en vez de cantar esas canciones tontas y triviales compuestas sólo para emocionar. Puede esperar de los adolescentes que superen la conducta típica de su edad, que consagren a Dios su vida, y que comiencen a usar sus dones para ministrar. Los adultos dejarán de quejarse por el estilo de la música, la temperatura que hay en el aula y todas las demás objeciones insignificantes que ocupan la mente espiritualmente inmadura.

Después, lo que puede esperar es una expansión de los ministerios. Podrá ver que se desarrollan clases nuevas. Tal vez vea ministerios de alcance nuevos y ampliados que se lanzan a tocar a otras personas en aspectos nuevos en los que nunca antes habían sido alcanzadas. Esto sucederá una y otra vez cuando los miembros de su clase capten la visión de ocuparse en lo que Dios está haciendo.

Sobre todo, el reino de Dios avanza, y no hay nada más cercano al corazón de Dios que esto. Su clase se puede convertir en una clase que envía. "¿Qué es eso?", me dirá. Una clase que envía es una clase que busca lugares donde enviar personas para extender el alcance del evangelio. Su clase debe estar buscando constantemente nuevos puntos donde enseñar. Los complejos de apartamentos son un lugar natural para esto. Los salones comunitarios de los vecindarios y los parques de casas móviles son lugares magníficos donde alcanzar a otras personas. ¿Qué le parecería poder tener clase en diversos momentos de la semana? A medida que crezca su clase, podrá ampliar sus fronteras y su visión.

Conclusión

En realidad, todas las clases pueden tomar dos decisiones cuando están esforzándose por crear un ambiente estimulante. Pueden buscar un nivel de emoción que se base en medios y métodos superficiales, lo cual exige una alimentación constante para mantenerlo vivo, o pueden concentrarse y ocuparse mejor en los cinco puntos focales que Dios ha ordenado a las comunidades espirituales. Cuando se escoge esta segunda opción, es posible que no se vean el crecimiento externo y la emoción que la primera suele proporcionar; no obstante, lo que producirá es algo de un valor mayor y más duradero. Usted comenzará a ver cómo Dios obra en la vida de las personas de una forma que tal vez nunca habría soñado que sería posible. Puede ver hogares que se vuelven a unir, padres e hijos que resuelven unos problemas que han estado amenazando con dividir la familia, y sobre todo, verá que su aula se convierte en el lugar donde Dios cambia genuinamente y de una forma continua la vida de sus alumnos.

Céntrese en el Reino y disfrutará de la emoción que infunde el Reino.

Notas

[1]Gene Mims, *The Kingdom-Focused Church* (Nashville, Tenn.: Broadman and Holman, 2003).

[2]Para mayor información acerca de la creación de una experiencia de adoración en su clase, vea el capítulo 4 de *Dadles Lo Que Quieren: Cómo convertir la Escuela dominical en un lugar donde la gente quiere estar,* por Michael H. Clarensau y Clancy P. Hayes (Springfield, MO.: Gospel Publishing House, 2001).

Láncelos al ministerio

Vamos a irnos ahora al futuro, a unos cuantos años de distancia. David y Juani se asentaron en la iglesia hace ya algún tiempo. Hicieron suya su clase, y su iglesia se convirtió en la iglesia de la que son miembros. Pasaron por las clases de discipulado, se hicieron miembros, y con cada mes que pasaba se fueron ocupando más profundamente. A los dos les encantaba ayudar cuando se necesitaba en el grupo. En realidad, David llegó aun a dar la clase un par de veces que usted había tenido que salir. Ahora tienen ya papeles permanentes en el ministerio, y parecen estarlo pasando muy bien. Un domingo se le acercan y le dicen que quieren almorzar con usted y conversar acerca de algo urgente. Por un segundo, usted se pregunta si algo anda mal, si estarán enojados por algún motivo, o si tal vez ha pasado algo que los ha ofendido. Pero cuando los observa, decide que les está yendo demasiado bien en clase para que algo así vaya a salir mal. Así que por el momento desecha esas ideas.

Después del culto, se reúne con ellos y se van a un restaurante cercano. Como es domingo, tienen que esperar un poco más de los "veinte minutos" de los que siempre parece hablar la camarera. La curiosidad lo está volviendo loco. No puede menos que preguntarse qué será ese "asunto urgente". Piensa: "¿Será que están esperando otro niño?" "¿Acaso a uno de los dos le dieron un considerable aumento de sueldo?" La camarera, interrumpiendo sus pensamientos, los lleva a su mesa.

Después de un poco más de charla, usted finalmente no puede más, y dice: "Bueno, ya me han tenido en suspenso por bastante tiempo. ¿Cuál es esa gran sorpresa?"

David y Juani se miran con un brillo en los ojos, como si estuvieran decidiendo quién de los dos es el que me revelará la gran sorpresa. Tal vez usted tenía razón y están esperando otro niño. Entonces, siente que se queda paralizado cuando Juani le dice: "Nos vamos de la iglesia".

El último bocado del aperitivo se le atraganta. Su mente repasa a toda velocidad los últimos meses, buscando algo que haya podido suceder, y que haga que se quieran ir. Después de un tiempo que parece una repetición de la última Glaciación, usted responde: "¿Es cierto lo que acabo de oír? Me pareció que hablaron de 'dejar la iglesia'. ¿Algo anda mal? ¿Alguien los ha ofendido?"

David y Juani se ríen y le responden. "¡No, mil veces no!" Juani continúa hablando: "Desde hace ya algún tiempo, hemos sentido que es hora de que comencemos a usar nuestros dones en el ministerio".

David sigue: "Un joven está fundando una iglesia nueva cerca de donde vivimos. Ambos sentimos que debemos estar allí para ayudarlo a establecer esa nueva obra".

La mirada que tienen ambos en el rostro le revela que en este asunto, han oído la voz de Dios. Su momento ha llegado.

De repente, toda la enseñanza que usted les ha dado acerca de estar centrado en el Reino no suena tan llena de valentía como cuando usted la presentó. En parte, se siente contento, pero ahora mismo, lo que siente es tristeza. Reconoce, a pesar suyo, de que David y Juani han cerrado el círculo en el proceso del discipulado. Se da cuenta de que tiene que aceptar su decisión porque, al fin y al cabo, ésa es la meta del discipulado.

Su mente vuelve a un pasado no tan lejano, al tiempo en que aquel matrimonio que andaba buscando entró a su aula con la esperanza de hallar algo significativo que llenara el vacío que tenían en su vida. Piénselo: usted ha desempeñado un papel importante en su crecimiento. Se ha obtenido de forma gradual, y tanto usted como los demás miembros de la clase los han ido cuidando a lo largo de su peregrinaje espiritual. Ahora han madurado ya hasta un punto de su desarrollo espiritual en el cual están listos para participar más intensamente en el ministerio activo.

Aunque esto es lo último que usted habría querido oír, en realidad se puede regocijar con ellos. El proceso dio resultados. Su grupo y su enseñanza han funcionado juntos para realizar la labor que les correspondía dentro de la Gran Comisión. Todo lo que usted ha invertido en la vida de ellos, ha valido la pena. Ha presenciado la transformación espiritual que se produce cuando el discípulo se convierte en discipulador, tal como dice la Biblia que debe ser. Es un momento agridulce que sólo un maestro afectuoso puede plenamente valorar.

Los pasos que conducen al lanzamiento

En mis funciones de maestro y de pastor, he disfrutado de muchos momentos así, con estas mismas emociones encontradas. Le puedo decir con toda sinceridad que no hay nada más emocionante para un maestro y para una clase, que ver que unas personas con las que han trabajado llegan a este punto del proceso de discipulado. En realidad, ésta debería ser su meta con todos los alumnos de su clase.

Por supuesto, no todos los que lleguen a este nivel de madurez se marcharán de su iglesia para ministrar en otro lugar. Si su iglesia es como la mayoría, tendrán mucho que hacer en su propio ambiente, y lo que usted puede esperar es que la mayoría de esas personas se queden y asuman papeles de liderazgo en su propia iglesia local.

No obstante, debe estar consciente de que algunos de ellos se irán para incorporarse a formas nuevas, según los dirija Dios al lugar que Él les haya escogido, y que esto siempre encaja dentro de sus planes. Esta transición es mucho más fácil de aceptar cuando comprendemos la importantísima realidad de que estamos edificando el reino de Dios, y no el nuestro. Básicamente, David y Juani han sido lanzados al ministerio global de la Iglesia. Un amigo dijo en una ocasión que le parecía que la iglesia local debía ser el punto de partida para enviar gente, y no la línea de llegada para recogerla. Muy bien expresado.

Si realmente creemos esto, ¿qué necesitamos hacer para que este tipo de resultados sean la regla y no la excepción? Esto es lo que constantemente sucederá cuando reconozcamos que lanzar a la gente a los ministerios es parte importante del proceso de discipulado. No hemos terminado nuestra tarea, mientras todos no hayan hallado un lugar en el ministerio. Como maestro, esta meta debe ser parte de su enseñanza de una manera consciente. Los propósitos primarios de la iglesia local, y con ella de todos sus grupos y organizaciones, son el evangelismo y el discipulado. Hace falta prodigios para alcanzar esto; por consiguiente, se puede considerar que todas las clases son lugares de adiestramiento para que las personas aprendan a alcanzar ambos propósitos.

Más que la simple actividad

En el capítulo anterior hablamos de incorporar y ocupar a todas las clases en diversas actividades del ministerio como uno de los puntos focales de su grupo. Esto se convierte en un importante paso hacia la liberación de las personas para que cumplan la voluntad de Dios, pero hay otros pasos que se deben dar para asegurarse de que se llegue a la meta definitiva. Estamos hablando ahora de guiar a las personas hacia un nuevo aspecto de su desarrollo espiritual. En este aspecto es en el que comienzan a asumir funciones de líderes y a responsabilizarse en alguno de los ministerios existentes o de nueva creación. Han llegado a un punto en el cual ya no los tenemos que guiar hacia el ministerio; son ahora ellos mismos quienes guían en el ministerio.

Si usted es maestro de niños, tiene la misma responsabilidad que quienes dan clases a otros alumnos de mayor edad. A los niños se les puede enseñar desde muy tierna edad que ellos tienen un papel que desempeñar en el plan de Dios. En el trabajo con sus compañeros, ellos pueden realizar una labor excelente. Lo hermoso que tiene este adiestramiento a edad temprana, es que al comenzar tan temprano en la vida a aceptar funciones de liderazgo en el ministerio, esto se convierte para ellos en su manera de vivir. No lo tendrán que aprender y desarrollar cuando sean mayores.

Los adolescentes se encuentran en una etapa ideal de la vida para aceptar papeles de liderazgo. Los que asumen la responsabilidad por el buen éxito de los ministerios y los equipos de ministerio, tienden a manifestar un nivel más elevado de madurez y de estabilidad espiritual. Los adolescentes a los cuales no se los reta a asumir papeles de liderazgo en la iglesia suelen causar problemas y a extraviar al grupo por caminos indeseables. Cuando se pospone el incorporarlos en el liderazgo espiritual, sólo se hace más difícil incorporarlos más tarde.

Permita que los adolescentes asuman diversos papeles dentro de la iglesia local. Proporcióneles mentores y adiestramiento. Sólo recuerde que no ha de esperarse que realicen a la perfección las tareas del ministerio. Reconozca que se encuentran dentro de un proceso de aprendizaje. Los líderes sabios dan a la juventud una oportunidad para que desarrollen sus talentos y sus dones de ministerio entre sus compañeros bajo la mirada vigilante de un afectuoso mentor adulto.

Usted es el ejemplo

El maestro puede establecer las expectativas respecto al aspecto que debería tener un cristiano maduro. Estas expectativas inculcarán a todos y cada uno de los alumnos la comprensión de que en algún momento tendrán un ministerio que realizar, cualquiera que sea, y donde sea.

Entre los maestros que más recuerdo hay una profesora del colegio universitario. Nunca he visto a alguien con tanta habilidad como ella para establecer tan bien las expectativas respecto a sus alumnos. Tenía una manera muy especial de hacer que todos los que éramos parte de la clase participáramos de las discusiones y las actividades, sólo con hacernos sentir que esperaba que lo hiciéramos. Todas las tareas y las pruebas que tuvimos en aquel semestre se convertían en un proyecto personal para hacer las cosas a la perfección, porque eso era lo que ella esperaba de nosotros. Comunicaba a cada uno de los alumnos unas expectativas tan elevadas, que sentían que si no hacían su mejor esfuerzo, ella se sentiría muy desilusionada, no con ellos, sino con su propia capacidad para enseñar. Nunca habríamos querido que ella quedara mal.

Desde aquel entonces, he pensado muchas veces en ella. No utilizaba el teatro ni la manipulación, sino que tenía un genuino deseo de ver que a sus alumnos les iba bien, y que desarrollaban su potencial; eso era lo que nos motivaba. Ese enfoque puede ser muy valioso para nuestros esfuerzos de maestros para el Reino. Mantenga elevadas sus expectativas, y sus alumnos se esforzarán por estar a la altura de ellas.

Reconozca los éxitos

No esté nunca tan ocupado que no elogie a los que estén progresando. Desde el niño más pequeño hasta los más malhumorados de los ancianos, a todas las personas les fascina que las reconozcan por lo que han hecho. Hasta a los perros viejos les encanta que de vez en cuando les den palmadas en la cabeza, y les digan "¡Buen amigo!"

Los reconocimientos públicos subrayan el valor de lo que usted haya enseñado acerca del discipulado. Una buena forma de reconocer las aventuras de alguien en el liderazgo del ministerio es darle una oportunidad para que comparta sus triunfos con el grupo. Tal vez esto tome la forma de un testimonio sobre la forma en que han ministrado a una persona, y la sensación interna que han tenido. O alguien que ha participado en un corto viaje misionero puede hablar a los demás acerca de esa aventura. Hasta podría entregar a un misionero visitante todo el tiempo de clase para que hable de lo que Dios está haciendo en su campo de ministerio. Todas estas cosas son formas de reconocimiento público, y cada una de ellas ayuda a destacar el valor que tiene la participación en el ministerio. Sería muy interesante saber cuántas personas se hallan ocupados hoy en el ministerio activo, porque se sintieron inspiradas por el relato de alguien que había aceptado la responsabilidad de ser líder de otros. Estoy seguro de que su número nos sorprendería. Recuerde esto: si vale la pena hacerlo, entonces vale también la pena reconocerlo en público.

Proporcione oportunidades para experimentar en los diversos ministerios

Antes de seguir adelante con este estudio, permítame insistir en dos detalles de gran importancia de los que hay que cuidar desde el principio. En primer lugar, presente siempre sus planes e intenciones a los líderes adecuados de su iglesia para que los aprueben. Asegúrese de obtener esa aprobación antes de compartir los planes con su grupo. De lo contrario, se podría ver obligado a tener que volver al grupo con un cambio de planes. Este sencillo paso puede evitar a todos muchísima turbación y molestia.

El segundo detalle es que se asegure de que se llenen y archiven debidamente todos los permisos, exenciones, licencias y demás papeles legales que se necesiten. Es vital que se proteja bien legalmente. Si no tiene todo esto resuelto, pueden surgir unos cuantos problemas muy serios para todos los ocupados en la actividad.

El maestro de una clase o de un pequeño grupo es algo así como un director de proyectos. Tiene la oportunidad de observar a las personas en sus diversas etapas de desarrollo y crecimiento espiritual. En este papel, los maestros también pueden planificar y proporcionar experiencias prácticas en el ministerio a los que se acercan al momento en que podrán asumir el liderazgo.

Esta experiencia puede ser tan sencilla como asignar a una persona una responsabilidad en una sola ocasión, o encomendarle una labor permanente en el ministerio. El propósito de esta actuación es revelar quiénes ya estén listos a asumir su nuevo papel dentro de una notable variedad de ministerios laicos en los cuales se pueden incorporar. Esto les da la oportunidad de probar varios ministerios, para ver en cuál de ellos encajan mejor.

Una vez que hayan encontrado el lugar que parece adecuado para ellos, y que lo hayan aceptado, conéctelos con un mentor. El mentor es un amigo que sirve de entrenador para adiestrar y guiar a sus discípulos hasta que estén listos para asumir por sí mismos la plena responsabilidad del liderazgo.

Voy a darle un buen ejemplo de lo que le estoy diciendo. En un lugar donde vivimos en el pasado se construyó una iglesia. En un par de ocasiones, ambas en sábado, me hallaba trabajando en mi patio. El pastor de la iglesia entró al patio con tres o cuatro chiquillos que tendrían entre diez y catorce años de edad. Se presentó y me habló de la nueva iglesia. Después me dijo que habían pasado por allí con la única intención de decirme que sería bienvenido en su iglesia.

Cuando él dijo eso, uno de los muchachos me entregó un folleto y otros escritos acerca de su iglesia. Yo pensé para mí: "Aquí hay un pastor que está haciendo las cosas bien". No estaba poniendo a los jovencitos en una posición que los habría podido hacer pasar vergüenza, sino que estaban recibiendo una oportunidad inofensiva de participar, mientras observaban cómo se hacen las cosas. Estaban recibiendo experiencia directa en el ministerio. Estoy seguro de que aquello causó una impresión indeleble en cada uno de ellos.

Los trabajos y proyectos en el ministerio pueden ir desde enseñar a un niño a orar en voz alta o a compartir un testimonio, hasta darle la oportunidad de enseñar una lección, o por lo menos una parte de ella. A los adultos jóvenes se les puede dar la oportunidad de comenzar nuevos grupos de ministerio y nuevas extensiones con base en su clase. Los adultos se pueden hacer cargo de proyectos de ministerio o de misiones que tenga la clase fuera del aula. Todas estas cosas deberán estar pensadas para hacerles sentir a los alumnos lo que es el liderazgo en el ministerio. Lo importante es ir sacándolos poco a poco del asiento de la comodidad, donde sólo absorben, para llevarlos al punto de dispensar misericordia y gracia a otras personas.

Oriéntelos

Hay una manera correcta y otra incorrecta de lanzar gente al ministerio. Lo importante es recordar que les tiene que decir con claridad qué deben hacer, mostrarles cómo hacerlo, y dejar que lo intenten por su propia cuenta. ¿Recuerda los relatos bíblicos en los que Jesús hacía esto mismo con sus seguidores? (Vea Lucas 10:1-8).

Parte importante de este "proceso de lanzamiento" son los momentos de seguimiento o evaluación. Jesús siempre buscaba un momento en el cual los participantes le rendían un informe y se evaluaban sus esfuerzos (Lucas 10:17, 18). Ésta es una parte clave del proceso de adiestramiento y mentoría. Antes de dar ese paso, vuelva a leer cómo Jesús hacía las cosas. En aquellos momentos, Él elogiaba y también corregía a los que se hallaban en el proceso de ser lanzados al ministerio.

Cuando yo entré al ministerio, tuve un pastor principal amoroso y preocupado por mí, que me dio amplia oportunidad de predicar y enseñar. Ahora veo lo importantes que fueron aquellos tiempos, no tanto para la iglesia como para mí mismo. Lo que sólo vine a notar mucho más tarde en la vida, es la forma en que él evaluaba mis primeros esfuerzos en el ministerio. En realidad, era tan sutil en esto, que pasaron años antes de que me diera cuenta de lo que estaba haciendo. Dudo que hubiera algo que causara un impacto mayor en mí, que aquellos momentos. Habría querido que él estuviera aquí para poder darle gracias por la forma en que intervino en mi vida y le dio dirección.

El hecho de proporcionar unas experiencias de ministerio controladas tiene una ventaja positiva. Da a sus alumnos una oportunidad para experimentar algo antes de comprometerse a hacerlo. Hay oportunidades que de lejos pueden parecer muy atractivas. Una vez que los discípulos se ocupen en ellas, pueden descubrir que en realidad no es un aspecto para el que estén bien dotados, o que les interese, o tal vez, que exige más tiempo del que ellos pueden dar. Al permitir que los alumnos prueben un ministerio determinado antes de comprometerse en él, usted les estará dando la oportunidad de dejarlos tranquilamente, antes que la situación se vuelva incontrolable. No se ofende ni se desanima a nadie.

Por ejemplo, tal vez su clase haya tomado un asilo de ancianos de la localidad como proyecto de clase, o ministerio permanente. Tendrá algunos que un par de veces asistirán muy entusiasmados junto con el grupo. Habrá quienes se enamoren tanto de este ministerio, que seguirán participando en él. En realidad, es posible que lo disfruten tanto que puedan llegar a asumir el papel de líderes del ministerio. En cambio, habrá quienes prueben, y después digan: "Esto no es para mí", y no vuelvan a asistir. Si ésa es su respuesta, no hay ningún problema. Se pueden salir, y no quedará nadie ofendido ni desilusionado. Ésta es una de las principales razones que hay de proporcionarles una oportunidad de probar antes de comprometerse a largo plazo. Este procedimiento proporciona a la persona una manera de reconocer y sostener el llamado que Dios ha puesto en su vida.

Un buen amigo y yo estuvimos visitando el mismo campo misionero durante la misma cantidad de tiempo. Él volvió a casa y de inmediato comenzó a hacer los preparativos para regresar a ese país con un ministerio a tiempo completo. Yo pasé un tiempo tan maravilloso como él, pero sabía que no era allí donde Dios me quería. Así que pude regresar y dedicarme a otro llamado que Dios me había puesto en el corazón. A través de esa experiencia, tanto mi amigo como yo encontramos el lugar donde Dios quería que estuviéramos.

Cómo hacer que esto funcione en su clase

Usted se estará preguntando: "Y entonces, ¿cómo hago que esto funcione en el ambiente de mi clase?" Es una buena pregunta, y necesitamos explorarla un momento.

En primer lugar, le sugiero que se busque alguien que trabaje a la par de usted, para facilitar esta fase en el proceso del discipulado. Este papel puede ser para algunos un ministerio en sí mismo.

Después, haga una lista de las actividades que se pueden realizar, y que se encuentran dentro del ámbito de lo posible y del alcance de su grupo. La posibilidad estará determinada por su ubicación física, tamaño, y recursos. Tenga el cuidado de no ser poco exigente. Tal vez necesite ser más visionario de lo que habría pensado al principio. Una buena regla práctica sería que encuentren un lugar que se halle en el borde mismo de lo imposible.

Una vez que haya hecho esta lista, asegúrese de que está de acuerdo con la edad promedio de su clase. Por ejemplo, ¿quién querría realmente llevar a un grupo de preescolares al África durante dieciocho días? En cambio, sí se podría tener un esfuerzo para alcanzar a otros en los lugares de juego, en el cual ellos puedan practicar lo que usted les ha enseñado acerca del ministerio de evangelismo. Podría armar un teatro de marionetas portátil, y dar funciones utilizando guiones basados en relatos bíblicos. Mientras usted hace esto, ellos aprenden bajo su orientación y supervisión de qué manera invitar a sus amigos a la clase del próximo domingo.

En cambio, si se trata de una clase de adolescentes, podría participar en un viaje misionero auspiciado por su iglesia, o por uno de los muchos ministerios de jóvenes que auspician diversas organizaciones. O bien, pueden crear clubes en el recinto de su escuela, o invitar a un amigo a un lugar donde se reúnen otros jóvenes para jugar y estar juntos cuando no hay ninguna otra cosa que hacer. Se puede poner música cristiana, y usted les puede enseñar a comenzar unos diálogos significativos que les puedan proporcionar una oportunidad para compartir con ellos cómo los ha ayudado Dios en sus momentos más difíciles.

Las clases de adultos pueden hacer verdaderos viajes misioneros que sean, o bien labores de evangelismo, o viajes de trabajo. Pueden ayudar a edificar o reparar iglesias en un país en vías de desarrollo, al mismo tiempo que participan en actividades de ministerio allí. Si la necesidad lo exige, los adultos también pueden realizar este mismo tipo de esfuerzos en el ministerio en su propia ciudad. Usted les estará proporcionando una oportunidad para ver cómo les van las cosas antes de pasar a ocupar puestos de liderazgo. Dios puede usar esas labores para hablarles al corazón a los miembros de su grupo, y ayudarlos a poner en acción lo que usted les ha estado enseñando.

Una vez más, lo primero que tendrá que hacer, es que sus alumnos acepten estas ideas. Podemos hablar acerca de la participación en la obra del ministerio con la mejor de las intenciones de que ellos participen, pero cuando llegue el momento de hacerlo, es difícil alcanzarlo. Los alumnos que lo observen mientras lo hace, se darán cuenta de su importancia. Básicamente, usted no sólo está practicando lo que enseña, sino que está enseñando lo que practica.

Hay muchos campos más en el ministerio que se encuentran a su alcance, y que dan a los líderes en formación de los ministerios la oportunidad de poner a prueba su potencial. Hace falta tener ojo avizor y un corazón bien dispuesto para proporcionar a sus alumnos, tanto jóvenes como mayores, oportunidades en el ministerio.

Otra cosa que puede despertar el interés en el ministerio es el contacto con personas que hayan participado activamente en los ministerios, tanto tradicionales como no tradicionales. He estado en muchos ambientes en los que se ha producido esto. Por ejemplo, un dueño de restaurante me hablaba de que él tenía estudios bíblicos en su establecimiento. Era muy emocionante escuchar cómo su forma de enfocar el ministerio estaba llegando a hombres y mujeres que nunca habrían pensado en entrar a una iglesia.

Conozco profesionales que tienen reuniones de estudio bíblico y oración en sus lugares de trabajo. Una de las personalidades de la televisión más populares en nuestra región tiene un estudio bíblico semanal durante la hora de almuerzo en su estación de televisión. Es una reunión muy concurrida. Está alcanzando una clase de gente que la iglesia local tiene pocas oportunidades de alcanzar. Él, y otros como él, han encontrado un lugar para su ministerio, y asumido el liderazgo para hacer que funcione.

La razón de salir del programa normal de la iglesia es obvia. En una sociedad como la nuestra, donde hay negocios, restaurantes y otros tipos de servicios que están abiertos día y noche, no hay manera de fijar un momento en el que todos puedan asistir. Por supuesto, nosotros queremos tener cocineros y camareros en los restaurantes para salir a comer cuando se acaben nuestros cultos. Sinceramente, tengo la esperanza de que haya alguien sentado ante la pizarra del teléfono de emergencia los domingos, si se me presenta una situación así. ¿No le parece que si están en sus puestos para servirnos, también a ellos les tenemos que ofrecer una oportunidad de ser ministrados?

En su condición de maestro, usted debe enterarse de quién podría ir a su iglesia como orador invitado. A muchos de estos oradores, sobre todo misioneros, les encanta dar también una clase. Esto les proporciona una gran oportunidad para responder preguntas y estar más accesibles de lo que pueden estarlo durante la reunión general. En especial los niños se pueden entusiasmar con esto. Mejor aun: haga que los hijos de los misioneros hablen a la clase a la que más se acercan en edad, aunque sólo sea por unos pocos minutos. Esos momentos pueden ser más productivos, si usted habla a los misioneros y a sus hijos con tiempo suficiente para que puedan traer consigo artefactos u otros recursos visuales que representen el país donde trabajan. Le repito que debe procurar que sus planes sean aprobados por el líder indicado antes de hacer todo esto.

Es posible que algunas clases llamen a oradores invitados, sólo para ellas. Recuerde que debe obtener el permiso y asegurarse de que los arreglos monetarios que se hagan sean comprendidos de antemano, para evitar pasar vergüenza o que más tarde surja alguna molesta situación. El contacto con personas que están ocupadas en otros ministerios puede ejercer una poderosa influencia y elevar un nivel de entusiasmo acerca del ministerio que no se podría alcanzar de otra forma. Por supuesto, usted siempre puede esperar que se produzcan reacciones emocionales a corto plazo cuando habla uno de estos oradores. Aún no he escuchado a un solo misionero que no me haya hecho tener ganas de irme derecho a mi casa, empacar mis cosas, y salir rumbo a su campo de labor, pero eso es mejor que permanecer insensible, ¿no le parece?

Envíelos con su bendición

Bien, ha llegado el día. Es la última vez que sus amigos David y Juani se reunirán con usted y con su grupo, tal como está estructurado en estos momentos. Por supuesto, que habrá lágrimas, abrazos, y despedidas, pero no deje que todo termine aquí.

Refuerce en el grupo la idea de que ustedes no están perdiendo a David y Juani, sino que los están invirtiendo en el Reino. Realmente, es un día para el regocijo. Haga que su último día sea un día de lanzamiento, y envíelos "en grande" a su nueva misión.

Hay una serie de cosas que se pueden hacer para que este día sea memorable. Es un gesto apropiado que la clase les haga un regalo, como recuerdo de su apoyo y amor. También es adecuado seguir el precedente bíblico fijado en el libro de los Hechos. En Hechos 13:1-3, cuando fue nombrado y enviado el equipo misionero, no salieron hasta que el cuerpo de la iglesia que los enviaba les impuso manos y oró por ellos y por su nuevo esfuerzo misionero. Se trata de una ceremonia de comisión.

El culto donde se los comisiona obtiene varias cosas importantes. En primer lugar, y sobre todo, usted está reconociendo el llamado de Dios sobre la vida de esas personas, y dispensándoles las bendiciones sobrenaturales de Dios sobre sus esfuerzos. El culto también hace sentir a David y a Juani que cuentan con su apoyo al irse. Si las cosas no siempre van como ellos esperaban, podrán hallar fuerza en este recuerdo.

Piense en el impacto que podría tener este momento en algunas de las demás personas de su grupo que aún se hallen en su proceso de desarrollo. Al presenciar esta ceremonia de comisión, sentirán fortalecido su deseo de seguir ellos también en su proceso de crecimiento.

Es necesario decir unas palabras de advertencia. A veces tenemos tendencia a reaccionar más ante un gran acontecimiento que ante uno común y corriente. Cuando esté enviando a los que salen de su grupo para ir a otro lugar, no descuide el reconocer a los que han hallado su lugar de ministerio dentro de su propia iglesia. También es necesario honrarlos a ellos. No hay ministerio grande ni pequeño. El ministerio es el mismo, dondequiera que se lleve a cabo. Todas sus manifestaciones son igualmente importantes. En realidad, es adecuado tener un momento de envío o comisión para una pareja que esté asumiendo el liderazgo en la clase que se reúne al lado de la suya. Tal vez este ministerio no sea tan "fascinante", pero también es una parte importante del ministerio.

Conclusión

Usted ha cerrado completamente el círculo con David y Juani. Ellos han pasado a su nuevo lugar de participación en el ministerio, y les va muy bien. Usted los echa de menos mucho más de lo que se imaginaba. Cuando alguien entra a ser parte de nuestra clase o de nuestro grupo, también se convierte en parte de nuestra propia vida. Sin embargo, no nos podemos quedar estancados en el pasado, sino que necesitamos seguir mirando hacia el frente. Dentro de su grupo tiene que haber aún otros que se encuentren en diversas etapas de su crecimiento espiritual. Ahora son ellos los que necesitan de su atención, tal como la necesitaron David y Juani.

Ha sido interesante el camino recorrido desde el día en que David y Juani andaban buscando y asistieron por vez primera a su clase. Tengo la esperanza de que, mientras los ha visto crecer, haya descubierto lo importante que es la función que usted desempeña. Desde los más jóvenes hasta los más ancianos, todas las clases y todos los maestros tienen un papel significativo que desempeñar dentro del plan de Dios.

La función de maestro o de líder de grupo es una muy seria

responsabilidad, y conlleva muchísimas exigencias. No obstante, es un honorable llamado del cual se puede sentir muy complacido.

Su grupo puede experimentar un entusiasmo profundo, gratificante, y perdurable. Haga todo cuanto pueda, junto con todos los demás que forman su clase, para convertir en realidad en su clase y su grupo esos ocho puntos básicos de los que hablamos. Cuando estén presentes, usted verá que una semana tras otra el nivel de entusiasmo crece continuamente. Llegará a su punto máximo cada vez que vea a otros como David y Juani con una gran sonrisa en el rostro, despidiéndose de usted y pasando seguros de ellos mismos a sus nuevas funciones.

La fuente del verdadero entusiasmo consiste en sintonizar con el plan general de Dios. Él quiere que todos los maestros, todas las clases y todos los pequeños grupos colaboren con Él, con su Espíritu y con su Palabra, para alcanzar a las almas perdidas y guiarlas a una vida de servicio en su Reino. Esto es lo que despierta un entusiasmo que se perpetúa a sí mismo.

Hay unas palabras del profeta Isaías que reflejan el corazón de un discípulo maduro en su respuesta a Dios, cuando le abre su vida y proclama: "Heme aquí, envíame a mí" (Isaías 6:8).